Edition **Habermann**

Benedikt Maria Trappen

Der Himmel ist auch die andere Erde

Aus Tagebüchern und Briefen

mit einem Vorwort von
Jochen Kirchhoff

Edition **Habermann**
München 2016

© 2016 Edition Habermann
der Lama und Li Gotami Govinda Stiftung, München

Vorwort: © 2016 Jochen Kirchhoff

Umschlagbild: Sonne und Meer, © 2016 Heinz Stein

ISBN

Hardcover	978-3-96025-003-6
Paperback	978-3-96025-004-3
e-Book	978-3-96025-005-0

www.lama-govinda.de

INHALT

JOCHEN KIRCHHOFF

MENSCHWERDUNG UND ERLÖSUNG

Vorwort zu *Der Himmel ist auch die andere Erde* von
Benedikt Maria Trappen

Seit mehr als einem halben Jahrhundert schreibe ich so etwas
wie ein „philosophisches Tagebuch", das mir unentbehrlich
geworden ist, auch als Archiv und Steinbruch für spätere Texte. Solcherart Tagebüchern bei anderen Denkern und Autoren
(wenn sie mir denn interessant genug erscheinen) bringe ich
ein sozusagen grundsätzliches Interesse entgegen, auch in Bezug auf die Frage nach dem Adressaten. Für wen schreibe ich?
Dient das Geschriebene primär der Selbstverständigung, oder
dominiert der offene oder versteckte (kaum eingestandene)
Blick auf die Veröffentlichung und damit auf zwei berühmte Damen, nämlich *Frau Mitwelt* und *Frau Nachwelt*, streng und
schwer einzuschätzen fürwahr, wie man weiß, die durchaus in
heftigem Dissens zueinander stehen können. Daran denke ich
auch, wenn ich die Notate von Benedikt Maria Trappen lese
und zu verstehen suche, was sich in ihnen ausdrückt und abge-
lagert hat. Folgendes fiel mir auf:

Auf diesen Blättern spricht sich eine Seele aus, die unaufhörlich und mit bohrender Eindringlichkeit die Grundfragen des philosophischen und geistigen In-der-Welt-Seins reflektiert, sich nie zufrieden gibt und irgendwie zur Ruhe kommt oder überhaupt ankommt, sondern stets weitergeht, weiterfragt und *tiefer* zu fragen sich bemüht. Worum geht es? Es geht zentral um Menschwerdung und Erlösung. Wie werde ich wirklich und wahrhaftig Mensch, also ohne Selbstüberhöhung und Selbstbetrug? Wie erfülle ich die mit meiner Inkarnation verbundene, ja mit ihr in gewisser Weise identische Aufgabe? Und dies in der ständig gegenwärtigen Angst, mich und sie (die Aufgabe, die Inkarnation) zu verfehlen.

Da ist das Verlangen nach schöpferisch-erkennender Ekstase, die auch das Bei-sich-selbst-Ankommen einschließt, ja voraussetzt, und das davon kaum zu trennende Verlangen nach Erlösung, nach Satori, nach Überschreitung der eigenen Egoität, nach Verströmung, nach radikalem „Abschied von Gewohntem". Nicht umsonst taucht diese Formel immer wieder leitmotivisch und wie mahnend auf. Menschwerdung: Das ist für Trappen, wie es einmal heißt: „Lebensgeburtsprozess" (S. 97). Oder auch: „Die zweite Geburt". (S. 92) Das immer wieder aufs neue zu sich selbst geboren werden, sich wirklich zu inkarnieren, ohne in der puren Immanenz des physischen Inkarniertseins zu versinken, vergessend des Ursprungs (arche) und des Ziels (telos). Vielmehr: Erinnerung, immer wieder Erinnerung. „*Sich* erinnern als unendliche Aufgabe" (S. 41). Dabei stets die Selbstermahnung, sich dem sogenannten Alltag rückhaltlos zu stellen, ihm nicht auszuweichen, ihn beseelt und würdig zu gestalten, ohne Eskapismus (der ja immer ganz naheliegt).

Man kann diese Notate, Aphorismen, Fragmente und Skizzen irgendwo aufschlagen und ist gleich in der Mitte des Versuchs, Denken und Sein (Seyn) zur Deckung zu bringen, die eigene Existenz in der Tiefe zu ergreifen, es sich nicht leicht zu machen, keine vordergründigen Lösungen oder Rezepte zu suchen oder sich in schöngeistige und ästhetisch klingende Formeln einzuspinnen. Trappen liefert keine Ideologie. Sehr schön dazu folgende Sentenz: „Alles vermeintliche Wissen ohne wirklichen Selbst- und Seinsbezug ist Ideologie." (S. 95)

Manches erinnert an die Fragmente des Novalis, etwa dieses Notat: „Das Wort als Grabmal des Geistes. Alles Sprechen ist symbolisch." (S. 44)

Immer wieder finden sich echte Perlen in den Notaten, solche mit Haiku-Qualität, mantrisch aufgeladen und dicht. Diese und nicht nur diese sind es wert, gelesen und ‚mitgedacht' zu werden, auch sich an ihnen auf produktive Weise zu reiben, wenn das ‚Mitgehen' zunächst schwerfällt. Die Aufzeichnungen lassen den Leser frei; sie zwingen ihm keinen Denkweg auf. Sie regen an zum radikalen Selberdenken, Selbermeditieren, überhaupt zum Selbst-Sein im tiefsten Sinn. Sie sind kein ideologisch befrachteter Halt oder Hafen, sondern Zeugnisse eines authentischen Ringens, in dem ‚man' sich wiederfinden kann, wenn man nicht gleich, und das ist allerdings die Voraussetzung, die eigenen (die echten und die vermeintlichen) Antworten *dagegen* in Stellung bringt.

Abschließend eine der Sentenzen, die mich mit am meisten beeindruckt haben:

„Geist als Erfahrung außerordentlicher lebendiger inniger Wirklichkeit, Mächtigkeit der Seele." (S. 49) Genug...

September 2015

9

VORWORT DES
HERAUSGEBERS

Beim Umzug in eine den schwierigen Erfordernissen des Berufs angemessenere Wohnung entdeckte ich eine Schublade voller Papiere, die, teils geordnet und in Mappen gelegt, zum Nachlass des Dichters gehören, der, weitgehend unbekannt, vor Jahren hier verstorben ist. Es handelt sich dabei neben Entwürfen und frühen Fassungen der Gedichte und Prosa, die man bei seinem Tod gebunden fand, um maschinengeschriebene Abschriften einer Vielzahl von Briefen, deren Adressat unbekannt ist. Originale – so es sie jemals gegeben hat – sind unauffindbar; womöglich wurden sie verbrannt. Zahlreiche Unterstreichungen und Bemerkungen deuten darauf hin, dass der Dichter intensiv mit diesen Texten beschäftigt war. Dieser Eindruck wird bestärkt durch eine genaue Datierung des Prozesses am unteren Rand der Blätter. Weitere mit dieser Beschäftigung zusammenhängende Notizen finden sich in Tage- und Traumbüchern, deren Entzifferung bislang nur teilweise gelungen ist.

Nahezu alle der zum Teil mit Hand, zum Teil mit Maschine geschriebenen Blätter sind mit Datum versehen, so dass eine zuverlässige Chronik des Werks sich ohne Mühe erstellen lässt. Der Zeitraum seiner Entstehung begrenzt sich demnach auf etwas mehr als vier Jahre, denen zehn weitere der rätselhaften

Beschäftigung des Dichters mit seinem Werk folgen, die zum Teil in der vom Herausgeber besorgten Auswahl der Briefe und Tagebücher dokumentiert sind. Auffallend sind wiederholte Anmerkungen unterschiedlichster Daten am Rand. Es steht zu vermuten, dass es sich dabei um Bezugnahmen auf die Tagebücher handelt, deren Bedeutung im Einzelnen unklar ist. Wie aus den Zeichen und Bemerkungen ersichtlich ist, bemühte der Dichter sich um eine gültige Fassung des gesamten Werks, zu dem neben den Gedichten ein etwa 60 Seiten umfassendes Fragment zählt, das literarische Einflüsse und Vorbilder weitgehend erkennen lässt. Soweit bekannt, handelt es sich um das einzige Werk, um dessen Veröffentlichung sich der Dichter zu Lebzeiten – vergebens – bemüht hat.

Farbige Markierungen im Text, die ein System vermuten lassen, das gleichwohl undurchsichtig bleibt, bieten den hauptsächlichen Anhalt bei dem Versuch, das Interesse des Autors an seinen Texten zu erhellen. Ohne einer tiefer gehenden wissenschaftlichen Erforschung vorzugreifen, kann davon ausgegangen werden, dass es sich um Hervorhebungen von Motiven handelt, die mit der *Biographie* des Dichters in Verbindung gebracht werden. Eine Vielzahl von Symboldeutungsversuchen spricht für eine wenigstens teilweise Aneignung psychoanalytischer und religionswissenschaftlicher Theorien. Die unterschiedliche Druckstärke der Markierungen lässt auf eine hohe Emotionalität dieses Prozesses schließen, der mit dem jähen Tod in Zusammenhang gebracht werden kann.

Berichtet wird, neben einer nicht näher beschriebenen gelegentlichen lichthaften Erscheinungsweise seiner Gestalt, von musikalischen Improvisationen, die vereinzelte Besucher in den letzten Jahren tief beeindruckt haben.

Die Mehrzahl seiner Freunde und Bekannten hat den Dichter, der sich mit dem Zusammenbruch seiner poetischen Existenz zurückgezogen und kaum noch in der Öffentlichkeit gezeigt hat, in diesen Jahren nicht gesehen, so dass viele erst mit der Publikation seines Nachlasses – die mit Recht eine späte Geburt genannt werden kann – von seinem Tod Kenntnis erlangen.

Der Forschung aber wird das Werk zugänglich gemacht als Baustein einer künftigen Wissenschaft des Geistes, deren Grundsätze und Dimension der Herausgeber in diesen Texten vorgezeichnet findet.

BRIEFE AUS DER
UNBEWUSSTHEIT

„Und hier erkenne ich die Mission jener Jugend, jenes ersten
Geschlechtes von Kämpfern und Schlangentötern, das einer
glücklicheren und schöneren Bildung und Menschlichkeit
voranzieht... Ihre Mission aber ist es, die Begriffe, die jene
Gegenwart von „Gesundheit" und „Bildung" hat zu erschüt-
tern...Von diesen Hoffenden weiß ich, dass sie all diese All-
gemeinheiten aus der Nähe verstehen und mit ihrer eigensten
Erfahrung in eine persönlich gemeinte Lehre sich übersetzen
werden... Ihre Kennzeichen sind, von dem Gesichtsfelde
jener Gebildeten aus gesehen, gerade ihre „Unbildung", ihre
Gleichgültigkeit und Verschlossenheit gegen vieles Berühmte,
selbst gegen manches Gute. Aber sie sind, an jenem End-
punkte ihrer Heilung, wieder Mensch geworden."

Friedrich Nietzsche

„Aus fernen Welten fallen Worte mir in die Hand. Meine
Wege führen ins Wunder."

Rose Ausländer

„Ich suchte dein Auge, als du's aufschlugst und niemand dich
ansah, ich spann jenen heimlichen Faden, an dem der Tau,
den du dachtest, hinunterglitt zu den Krügen, die ein Spruch,
der zu niemandes Herz fand, behütet. Dort erst tratest du
ganz in den Namen, der dein ist, schrittest sicheren Fußes
zu dir, schwangen die Hämmer frei im Glockenstuhl deines
Schweigens, stieß das Erlauschte zu dir".

Paul Celan

1980

2. November

Es gibt das Absolute nicht in dieser Welt, aber es gibt Grenzen. Schreibend können wir sie uns ertasten.

Es stirbt, was allzu lange vergessen ward, was ohne Liebe ist, muss vergehen.

Der Weg zum „Du" führt durch die Einsamkeit.

Sprache ist Handeln. Sprache ist Verwirklichung.

7. November

Die Menschen arbeiten, um zu leben, und sie leben, um zu arbeiten. Das ist nicht genug. Die Menschen sterben, und sie sind nicht glücklich. Deshalb muss Sprache Richtung sein in unserer Zeit. Wenn wir schon den Grund nicht wissen sollen, dass wir sind, so wollen wir doch wenigstens eine Richtung haben und glücklich sein.

30. November

Dieser Satz: „Manchmal denke ich jetzt – ohne Konturen lasse ich es in mir denken..." – dieser Satz enthält einen entscheidenden Gedanken: ohne Konturen. Vorhanden und doch so unwirklich. Das ist eine Möglichkeit, Gott und sich selbst gerecht zu werden, dem Gott der Philosophen zu entfliehen in eine Welt, in der ich, auf mich selbst gestellt, doch nicht allein zu sein brauche. Ohne Konturen: das war ein Zauberwort in mir, ein Bewusstwerden. Das Buch umfasst eine Philosophie, die nie zur Philosophie werden darf.

1981

24. Januar

Wer in den schlimmsten Tiefen des Dunkels keine Grenzen der menschlichen Leidensfähigkeit absehen konnte, atmet anders die Luft dieser Welt als viele andere.

Die Flucht vieler Menschen in Worte, die nicht die ihren sind und es ermöglichen, sich der Arbeit zu entziehen an unserer

Zeit und all dem, was gewesen ist. Verantwortung will nicht getragen werden, die Notwendigkeit, Dinge zu zerstören in uns, wird verachtet. Zerstörung und Gleichgültigkeit an den Dingen dieser Welt treten an ihre Stelle.

Doch was sind die Ursachen für diese Entwicklung? Wann ist der Mensch aus der Zeit gebrochen? Und wenn das schon gewusst wäre: wie muss der Weg sein, der uns zurückführt in den Einklang von Sein und Zeit?

Fragmente.

Wir brauchen Fragmente...

Es stimmt wohl, dass von Anbeginn wenige dachten und schrieben, doch vor allem für sich, dann für wenige andere. Es waren die, die die neue Zeit entwarfen, ihrer Zeit enteilten, nachdem sie die Welt zu begreifen versucht hatten, und das geht nur von Anfang an.

Alles ist noch so unfertig, nicht durchdacht genug.

6. Februar

Der Begriff der Freiheit muss von Grund auf durchdacht und sinnvoll erneuert werden.

13. Februar

Schreiben ist wie eine Droge, manchmal. Dann wieder ist es schwieriger als alles andere. Ich versuche überzeugt zu sein von meiner Arbeit, doch die Zweifel sind groß.

23. Februar

Wer heute schreibt muss politisch sein. Und weder rechts, noch links, noch in der Mitte, sondern dort, wo die Wahrheit liegt.

16. März

Die Welt schweigt, es macht mich unruhig. Düster steigt die Stimmung in mir auf, unabwendbar, die mich lähmt. Und meine Versuche, mich dieser Lähmung zu erwehren, sind verzweifelt und anstrengend.

Wer kann denn hören, sehen, lesen...

24. April

Dichter wird man nicht, man ist es schon immer. Und einmal weiß man es.

20. Mai

Seit langem habe ich wieder Gedichte geschrieben. Und nicht solche, die man schreibt wie ein Stück Prosa, sondern Gedichte, die der Sehnsucht nach Ausdruck, Artikulation des Unbestimmten entspringen. Langsam finde ich meine Sprache.

20. Juli

Ich hasse diese Welt durch die man geht wie ein Fremder. Fremd den andern, den Plakaten und Bildern, fremd seinen Schritten, seinem Kopf, der stumm registriert. Ordnung ohne Zusammenhang, Theater ohne Regisseur. Man fragt sich, wann das Spiel beginnt. Nirgendwo gehört man dazu. Keiner gehört dazu. Und doch gehen alle, gehe ich. Unwirklich ist jeder Ort, unwirklich meine Anwesenheit...

09. September

So geht die Zeit dahin. Letzten Sonntag konnte ich das Schweigen-Wollen nicht mehr ertragen und fand die richtigen Worte am Ende. Eine winzige Spur bis die Wellen kommen. Gut, gut...

30. September

Seit ich wieder zu schreiben anfing, lässt es mich nicht mehr los. Auf der Arbeit, bei Spaziergängen. So bin ich ständig auf der Suche nach Worten, sitze lange am Schreibtisch, laufe umher, Stunden vergehen ergebnislos. Und dann, der Anblick eines Blattes, eines Wildes, das Fallen des Regens: mit einem Mal ist die Form da, als sei sie schon immer da gewesen (dieses „als sei sie schon immer da gewesen" ist Zeichen eines gelungenen Gedichts. Einfachheit als Ergebnis langwieriger künstlerischer Arbeit).

20. Oktober

Die einzige Hoffnung, die mir bleibt, ist das Schreiben. Und die ist bedroht von der schrecklichen Angst, nicht mehr schreiben zu können. Außerhalb gibt es keinen Sinn. Mit jedem abgeschlossenen Gedicht ist die Angst da, nicht wieder schreiben zu können, keine Worte mehr zu finden. Von Anfang an. Und doch sind Gedichte entstanden. Solange es Gedichte gibt, wird es weitergehen...

23. Oktober

Was nützt denn auch Trost? Er kann doch nur eine Täuschung sein über die Dinge, deren wegen wir trauern. Und in Täuschung möchte ich mich nicht befinden. Entweder es gibt Lösungen, dann sind sie zu verwirklichen. Oder aber wir sind zum Leiden bestimmt. Dann allerdings brauchen wir die Hölle nicht zu fürchten. Und das Ewige steht uns zu, so oder so.

Mein Schreiben wird immer langsamer. Ich bin unruhig, die Worte fehlen mir. Jede Klarheit täuscht. Alles ist in Unordnung. Ich weiß nichts mehr, kann nichts sagen. Es lähmt mich. Ich leide.

Einfach nicht sein: wäre nicht alles einfacher...

15. November

Seit langem wieder fühle ich mich beim Erwachen bei mir. Ein Gefühl der Wärme, Geschlossenheit, unantastbare Einheit. Die Schlaflosigkeit der letzten Wochen, die Unruhe und Müdigkeit scheinen überwunden.

Das ist das Mühsame beim Gedichteschreiben: Die Suche nach der Sprache. Ein Wort, das am Anfang war, eine winzige Beobachtung, ein Klang – und dann die Suche, bis in den Schlaf. Zudem träume ich, Gedichte, Geschichten. Einmal ging ich mit Reiner Kunze durch eine Stadt, hörte zu. Ein anderes Mal traf ich Peter Handke, der mir Auskunft gab, auch Fotos zeigte, die eines seiner Stücke illustrierten. Vorgestern Nacht bekam ich einen Brief von Heinrich Böll. Die Handschrift konnte ich nur mit Mühe lesen. Ich überflog den Brief, behielt nichts, außer dass es am Ende um irgendwelche Druckrechte ging. Ich fing von vorne zu lesen an, da wurde ich wach. Sofort war der Traum verschwunden. Erst später, weil ich wusste, geträumt zu haben, fand ich ihn wieder. Und war traurig wegen der gestohlenen Nachricht...

Gestern beendete ich die Arbeit an vier Gedichten. So selbstverständlich wirken wenige Zeilen, wenn sie einer erst gefunden hat. Von langen Nächten, anstrengendem Denken, ist nichts mehr zu spüren. Ein gelungener Vers verrät sich nicht. Vielleicht ist das eine oder andere der aussortierten Gedichte zu retten. Oft sind es nur einzelne Worte oder Laute, die das Gefüge stören. Wenn es gelingt, den Zusammenhang eines Gedichts auch atmosphärisch wieder herzustellen, finden sich manchmal unverhofft Wörter und Wendungen, welche die Form, den Sinnzusammenhang vollenden. Tröstlich beim Anblick so vieler unnützer Texte ist der Gedanke, dass gelungene Verse ohne die vertane Arbeit nicht möglich gewesen wären.

06. Dezember

Und sonst? Versuche ich immer wieder meine Zeit zu begreifen, vernünftig zu handeln, was nicht immer gelingt. Wie auch soll man unsere Zeit begreifen? Wie das Richtige tun, wissen wohin man kommt? Keine Zeit, glaube ich, versteht sich. Nachts schlafe ich schlecht, träume viel. Tagsüber lähmt mich das Denken. Ich muss eine nützlichere Haltung finden. Manchmal sehne ich mich nach ein bisschen Bequemlichkeit, nicht materiell, davon habe ich zu viel, das schadet. Einfach nicht denken müssen, nicht zweifeln. Manchmal. Wenigstens nachts...

28. Dezember

In diesen Tagen las ich G. und E. Und bemerkte Ähnlichkeiten, die bis zu sprachlichen Übereinstimmungen reichen und doch nicht dieselben Ursachen haben können, oder doch? Schließlich geht es um den Menschen, der sich zu begreifen sucht, um die Liebe, um Gott. Ahnungen also, die immer wieder Besitz ergreifen vom Menschen.

Meine Sprache, darüber habe ich viel nachgedacht, ist Entfernung. Entfernung des Menschen von sich, Entfernung von Gott. Und doch scheint sie mir manchmal wie unendliche Nähe.

1982

4. Januar

Könnten wir unsere Zeit betrachten, wie wir es mit der Historie tun, sie käme uns absurd vor, wir müssten lachen. Wir alle leben so hingegeben an den Tag, dass wir keinen Blick mehr haben für die Einheit. Wer daran leidet, muss auf die Couch, bis ihm die notwendige Engstirnigkeit wieder verschafft ist. Wirklich, der Denkende hat es schwer.

Ich schlafe kaum. Vielleicht sollte ich wirklich anfangen, Träume zu notieren. Interessant, wie Träume mich beeinflussen können. Träume ich von Menschen, mit denen ich tagsüber zu tun habe, so vermag ein Traum meine Beziehung zu diesen Menschen zu verändern. Das ist gefährlich, denn die Traumgestalten sind verschieden von ihnen. Auch von dir habe ich geträumt irgendwann. Dieser Traum hätte ebenso gut Wirklichkeit sein können...

An allem interessiert mich nicht das „was", sondern das „mehr". Um dieses „mehr" kümmern sich die Wissenschaften nicht. Der große Zusammenhang, der Sinn geben könnte, fehlt.

6. Januar

Vor kurzem überkam mich ein seltsames Gefühl, eine Sehnsucht, die ganze Welt zu umarmen, mit wenigen Worten alles zu fassen und die Ahnung, dass ich es schaffen könnte. Gestern Abend ist mir dann die Frage gekommen, was ich bin. Nichts, glaube ich, noch nicht. Ich habe versucht, diese Nacht zu vergessen. Das geht für eine Weile noch. Dann muss ich mich entscheiden. Über alle Angst hinweg und über alle Zweifel.

Endlich ein Versuch Briefe zu schreiben, doch muss ich mich dazu zwingen. Abgeschnitten von allem, betäubt, taumle ich seit Tagen umher. Was ich mache ist ohne Wert. Es ist, als setze ich einzig meine Gewohnheiten fort.

Unerträglich ist, wie erträglich der Verlust von Leidenschaften ist. Kein Schmerz, keine Freude, keine Lust. Vielleicht ein leichtes Unwohlsein, ein Staunen, nicht wie die Dinge sind, sondern dass sie sind. Warum nicht aufhören mit allem? Nicht lesen, nicht schreiben, einfach sein. Hatte ich das nicht gewünscht? Warum schreibe ich diesen Brief? Warum zögere ich mein Gefängnis zu verlassen, da es mich entlassen will? Die Macht der schlechten Gewohnheiten ist groß.

Es schneit. Es vergeht die Zeit. Es hört nicht auf.

Bei Durchsicht einiger Texte habe ich Lust, alles zu verbrennen. Es ist leer, aber ich verbrenne nichts. So groß ist die Hoffnung wiederzukehren.

Es gibt kein Ende, sondern nur einen Anfang.

Ich muss schreiben, auch wenn ich weiß, wie unsinnig alle Anstrengung ist.

18. März

Es gibt keine Tragik außerhalb des Menschen. Das Allgemeine soll uns trösten: es gäbe die anderen auch, die leiden. Liegt darin nicht die ganze Täuschung? Mag sein, dass Allgemeine ist das unendlich Konkrete. Wie schwer aber ist es, das ganz Konkrete zu benennen! Vielleicht ist die ganze Philosophie Betrug. Immerhin: es geht nicht um das Schreiben, das sollten wir begreifen. Erst wenn wir getan haben, was von uns getan werden kann, dürfen wir schreiben, müssen wir vielleicht sogar. Dann wird diese Welt auftauchen in ihrer ganzen Einfachheit. Und ohne Trost.

26. März

Noch einmal: es ist, als erfänden wir uns in Briefen. Die Entfernungen sind nicht wirklich. Außerhalb der Sprache begegnen wir uns anders. Dass in diesem Bewusstsein das „Du" dennoch konkret genug bleibt, beweist, dass Briefe bestehen neben Tagebüchern und der Literatur. Wie beschaffen dieses „Du" ist, warum Tagebuch, Briefe oder Gedichte – das zu untersuchen könnte der Philosophie zukommen.

Wie lange es dauert, einen deutlichen Gedanken zu formulieren, und wie ungenau alles bleibt! Wie, wenn das Geschriebene immer Unwahrheit ist?

8. Mai

Der Inhalt eines Kunstwerks ist leider nicht ganz so frei gewählt und neu auch nicht oder nicht wesentlich neu, weil im Grunde alle Fragen, die uns heute beschäftigen, schon immer da gewesen sind und gefragt wurden, zu anderen Zeiten, in denen andere Dinge vorfindlich waren, andere Symbole der ewigen Themen.

Der Wert der Arbeit liegt letztlich – vielleicht – darin, dass ein (Nicht-) Philosoph der neuen Generation Erfahrungen, die jeder macht, die meisten nur mehr unbewusst, in Sprache umzusetzen versucht hat, die das Unbestimmte, Unfassbare näher bringen soll.

16. Mai

Wenn es nur weiter so gut ginge wie eben jetzt! Ich habe angefangen, Nietzsche zu lesen. Seit langem habe ich nicht mehr so gelacht. Diese Bissigkeit, die scheinbare Leichtigkeit der Sprache, hinter der sich Gründe auftun und Abgründe, all das gefällt mir. Hinzu kommt eine Art der Verwandtschaft, stilistisch, thematisch. Dabei waren, als ich am Fragment schrieb, meine Nietzsche-Kenntnisse gering oder gar nicht vorhanden.

Das „alles erleben Wollen" kehrt wieder, doch ich weiß nicht. Gründe zu wissen für sein Tun, fällt in der Liebe doch schwer. Manchmal liebt man, dann wieder nicht und weiß nie recht warum.

20. Juni

Schreiben oder nicht Schreiben: nüchtern betrachtet gibt es Leichteres, Angenehmeres, Nützlicheres auch, als Buchstaben aneinander zu reihen und zu versuchen, den Sinn der Welt zurückzugewinnen. Aber glaub mir: es gibt diese Entscheidung nicht. Entweder du hast dich zum Schreiben entschlossen, dann kannst du nicht aufhören, auch wenn du nicht schreibst, denn Buchstaben auf das Papier bringen, ist nur ein bescheidener Teil dieser Arbeit. Oder aber dein Schreiben bisher war ein verzweifelter Versuch, die Langeweile und Nichtigkeit des Daseins zu verbergen.

Ich weiß, es ist schlimm, wenn die Fragwürdigkeit in ein Leben einbricht, nichts mehr gewiss ist, alles zerfällt: Namen, Zusammenhänge, Gesichter, das Ich. Es ist schlimm, weil keiner sich davor retten kann, nichts sicher ist, niemand bestimmt: das bist du, so ist die Welt.

Aber: ich leide. Meine einzige Gewissheit.

Jetzt erinnere dich an dein Buch. Darin hast du dich bewiesen, vergiss das nicht. Auch mir erscheint es immer wieder unmöglich, noch eine Zeile schreiben zu sollen. Aber immer wieder gibt es Gedichte. Und vielleicht muss das so sein, weil sonst das Schreiben zur Farce würde.

23. Juni

Es beunruhigt mich doch, dass du solange nicht von dir hören lässt, auch wenn es wirklich nicht geht, das Schreiben, gerade dann. Manchmal muss man sich einfach fallen lassen, ja sagen und nein, ohne zu wissen, was man redet. Einmal taucht ein Wort auf oder ein Satz, der allem, dir und der Welt, seinen Sinn zurückgibt. Fang einfach an. Schon der dritte Satz schreibt sich von selbst...

29. Juni

Ich gestehe: längst hätte ich einen Brief erwartet, wüsste ich nicht, dass das Gesetz sich nicht zwingen lässt. – Was das sei? – Nehmen wir an: die Gründe aller möglichen Entscheidungen. Wir gehören zum Gesetz und sind es doch nicht. Unser Einfluss ist nicht bestimmbar. Das Gesetz ist nicht Gerechtigkeit, auch nicht Moral. Wir dienen ihm nicht. Wir sind unschuldig, trotzdem leiden wir...

15. Juli

Die Betrachtung des „großen Zusammenhangs" weist immer über das Einzelne hinaus. Leider führt das oft dazu, überhaupt nichts mehr zu sehen. Und was als „großer Zusammenhang" gefasst werden soll, erweist sich abstraktes Gebilde, bloße Hülse, leer zu sein. Ich muss diese Nachlässigkeit manchmal bei mir bemerken. Es ist nicht so, dass es solchen Gedanken an Wirklichkeit mangelt, einer gewissen Wirklichkeit, dem Alltag, aber doch. Das Denken steigt leicht über seine Anstöße hinaus und vergisst sie dabei. Darin liegt die Gefahr.

Ich wünsche dir also, dass du aus der Hölle wieder herausfindest...

20. August

Die oberflächliche Kenntnis vieler Dinge ist unbedeutend gegen wenige wirkliche Kenntnisse. Das Gebiet des Geistes wird immer etwas Beunruhigendes behalten.

So hielte ich es für wichtig und aufschlussreich, von sich selbst ausgehend zu versuchen, zu Ergebnissen zu gelangen, wenigstens aber die wirklichen Probleme festzulegen. Ich fühle den ganzen Tag ein Unbefriedigtsein, eine Unruhe, ein nicht bleiben, nicht arbeiten können. Was ist das? Etwas Subjektives? Etwas Objektives? Inwieweit? Schließlich geht es nicht um unser Selbstverständnis allein, sondern um die Welt.

6. September

Ich will dir zwei Gedichte aufschreiben, an denen ich lange gearbeitet habe. Sie haben zu tun mit erkenntnistheoretisch-wissenschaftstheoretischen Problemen einerseits, der Praxis andererseits – oder vielmehr: *in einem*. Darin scheint das Wesentliche überhaupt zu liegen.

Interessant, beruhigend und beunruhigend ist es, wenn man irgendwo auf Gedanken trifft, die man so oder ähnlich selbst schon gedacht hat. Man erfährt dann: das Denken wird weitergehen, unaufhörlich. Oder wie Sartre mit 70 Jahren gesagt hat: „Die Wahrheit bleibt immer zu finden, weil sie unendlich ist."

28. September

Ich sitze hier zwischen einem Berg von Büchern, Buntstiften, Zeitungsausschnitten, bemüht die Zeit mit dem Erwerb von Erkenntnissen oder wenigstens mit dem Erwerb von Kenntnissen der wirklichen Probleme zu verbringen. Dazu gehört vor allem die Psychologie. Wie überall stellt sich gleich die Frage: wo anfangen? Da allerdings meine Einstellung zur Psychologie eine kritisch-negative ist, habe ich mit der Lektüre kritisch-negativer Werke begonnen. Ich widerspreche gern. So finde ich einen gangbaren Weg zu einer angemessenen und wirksamen Auseinandersetzung. Philosophischem Denken halten die Theorien gewiss nicht stand. Die Psychologen zerbrechen sich ihre Köpfe auch nicht über Begriffsklärung und Stimmigkeit ihrer Theorien. Immerhin ist ihr Anspruch ein zunächst praktischer: dem Menschen helfen zu wollen.

10. November

Ein zweiter Brief seit Wochen, in denen ich nichts schrieb, nicht schreiben konnte. Gestern schrieb eine Freundin, und plötzlich bemerkte ich mich schreiben, erleichtert, dass (Un-) Sinn Sprache wurde. Dann brach der Zusammenhang ab, wie Träume abbrechen, manchmal.

Sinn: Die gefährlichste Frage vielleicht, die ich mir stellen kann.

Vor Tagen träumte ich einen Satz und verstand ihn ohne Anstrengung. Das ist es ja: dass alles „mehr" ist. Und dieses „mehr" ist das nicht Fassbare und alle Wissenschaft wird sich vergebens darum mühen.

Denken ist einmal: mit der Logik spielen. Allerdings – was nützen Antworten, wenn einer nicht versteht wonach er fragt (und verstehen bedeutet: ergriffen sein). Das ist ja das Gefährliche: wissen müssen. Einmal merkt man dann, dass man nichts weiß, und die Schwierigkeiten ganz woanders liegen.

Ein anderes Denken versteht und bleibt unausgesprochen dabei, bloße Ahnung, Intuition. Einst hielt ich die Universitäten für zuständig, das „mehr" ganz bestimmt zu finden und zu erkennen. Jetzt weiß ich: nur mit der Logik wird gespielt.

Dann das Schreiben. Ich konnte einmal nicht mehr. Und was vor mir lag schien ungeheuerlich. Wie kann das sein, dass ich all das geschrieben habe? Die Gedichte vor allem. In ihnen liegt die Ahnung.

Angst. Unsicherheit.

Vielleicht wäre „Demut" ein Erlösungswort...

17. November

Aufhören zu denken, aber Bewusstsein haben davon (also: denken): das macht die ganze Unmöglichkeit. Selbstmord scheint sinnvoll, solange man leidet. Bringt sich einer aber wirklich um, wird die Tat absurd. Zwar vollbringt er es, sein Bewusstsein zu erlösen. Das erlöste Bewusstsein aber ist nicht mehr und Lösung ist der Selbstmord nur von ihm her. Freilich: solange einer Ruhe hat so zu denken, wie wenig schlecht kann es ihm gehen dabei...

Sicher wäre jetzt eine andere Sprache angebracht, eine Sprache, in der all das erscheint, was Welt für mich ausmacht. Von was ich erzähle, ist Beweis genug. Überhaupt ist dieser Brief Beweis: hätte ich nicht arbeiten können heute Morgen? Finde ich nicht Einverständnis mit mir und meiner Situation und alles Unglück ist nur Erfüllung? Der Leidende, will ich das nicht sein?

Dann aber schaue ich zum Fenster raus und bin einverstanden. Werde lesen, Notizen machen, vielleicht sogar bald wieder ein Gedicht schreiben. Doch nicht mehr vergessen können, dass es – vielleicht – etwas anderes gibt. Du hättest mich angreifen sollen, Fragen stellen. Denn nun bin ich es, der mich quält, und ich bin unerbittlicher als du.

29. November

„Im allmächtigen Alltag gibt es leider wenig Ungewöhnliches, das gesund wäre. Für merkbares Heldentum ist wenig Raum. Nicht etwa, dass die heroische Forderung überhaupt nicht an uns träte! Im Gegenteil: das ist ja eben das Leidige und Lästige, dass der banale Alltag banale Forderungen an unsere Geduld, unsere Hingabe, Ausdauer, Aufopferung usw. erhebt, die man nur demütig und ohne irgendwelche Beifall erzielende, heroi-

sche Geste erfüllen muss, wozu es aber eines nach außen unsichtbaren Heldentums bedarf. Es glänzt nicht, wird nicht belobt und sucht immer wieder die Verborgenheit im alltäglichen Gewand. Das sind die Forderungen, die, wenn nicht erfüllt, die Neurose verursachen." (C.G. Jung)
Wie leicht ist es, dagegen zu protestieren, aber es ist wahr: man muss etwas getan haben, um sich besser zu fühlen.

6. Dezember

Geschriebenes muss verstanden werden. Darum nur ist es möglich, nachdem man lange schon über etwas gelesen hat, aufzuwachen (und man hatte schon seit Tagen diese Ahnung, nur nicht so klar). So geht es mir. Ich starre in mich oder in die Welt, und was ich entdecke ist: Unsicherheit. Wer bin ich? Was habe ich getan? So viele Jahre sind gewesen, doch wozu? Hielt ich die Literatur für den Sinn dieser Zeit, die Philosophie? Meine Fragen jedenfalls konnte beides nicht beantworten. Aber vielleicht liegt das wirklich nur an mir und es wäre an der Zeit mich zu verändern. Und so sehr ich das will, so sehr ängstigt mich diese Möglichkeit.
Was wir sind, wissen die andern. Eine Zeit lang können wir unser vermeintes Selbst dagegen halten, dann müssen wir nachgeben. Philosophie, Literatur: was für ein Wahn! Ich hätte *leben* sollen, wie die andern. Jetzt muss ich zusehen, was ich anfange mit mir. Aber vielleicht wäre das Richtigste, *Mensch* zu werden.

18. Dezember

„Der menschliche Geist wurde frei geboren oder jedenfalls dazu geboren, frei zu sein. Aber überall liegt er in Ketten; und nun weiß er nicht mehr aus noch ein. Es braucht ein Wunder, um den menschlichen Geist frei zu machen: denn die Ketten sind ja magisch... Wir sind verhext, Gespenster in Büchern, die Autorität der Vergangenheit; und diese Geister zu bannen ist das große Werke magischer Selbstbefreiung..." (Norman O. Brown)
Ein langer Vorspann, Zeilen, die ebenso wahr wie gefährlich sind. Ich gestehe, dass ich den Weg dorthin noch nicht gefun-

den habe. Aber ich bedaure wenigstens. Das angeblich Irrationale zu unterdrücken, ist ja selbst irrational.

Warum gerade heute diese Zeilen? – Ich denke, all das hat auch mit Weihnachten zu tun, wenn ich auch noch nur in Augenblicken verstehe oder ahne, dass Moral und menschliches Bedürfnis einander nicht widersprechen müssen.

Der Weg in die Transzendenz führt durch die Immanenz. Hier und jetzt: nur das ist unsere Zeit.

Wie leicht und dumm ist es, Ratschläge geben zu wollen, wenn ein Sturz eintrifft, etwas zusammenbricht: aus Notwendigkeit. Müßig zu sagen: wenn, trotzdem, aber. Dass Zukunft gemacht werden muss und gemacht werden kann, trotzdem oder gerade dann, mindert die Schmerzen, die Verzweiflung nicht. Zuhören können, ist vielleicht das Wichtigste, das man tun kann.

Ich habe viel nachgedacht über mich, über den, der ich war, der ich sein wollte – ich werde weiter nachdenken. Und fand: den wenigsten ist eine Begabung geschenkt, die die Richtigkeit des einmal eingeschlagenen Weges garantiert. Entwicklung, Suchen, in Zweifel ziehen bestimmen die Existenz, sofern sie nicht in Oberflächlichkeit sich verliert (davor wenigstens bin ich geschützt genug). Dass ich mich gern zu einer Minderheit gezählt hätte, den unbeirrbar Großen, das muss ich nun bereuen.

Wie auch immer: Leben muss *wirklich* gemacht werden. Du wunderst dich vielleicht, wenn ich „wirklich" betone. Aber in gewissem Sinn ist mir das neu, wenn ich auch viel darüber geschrieben und gelesen habe. Das ist nämlich sehr einfach und braucht einem nicht einmal aufzufallen (für Zeiten): dass Leben sich ständig vollzieht während man redet, schreibt oder liest. Dass da ein Abgrund sich auftut, eine tödliche Kluft. So ist es mir ergangen. Ich denke nicht mehr, dass es nichts ausmache, wie alt jemand ist. Der Mensch lebt in dieser Welt, in ihrer Zeit. Nie sind ihm alle Probleme auf einmal gegeben, sondern gebunden an Stadien seines Lebensweges. Kein Problem ist daher ewig. Die Lösung liegt im – mühsamen – Prozess der Entwicklung. Und vielleicht sind die Probleme nichts als notwendig, diesen Prozess weiterzubringen.

Jetzt erst verstehe ich meinen heimlichen Eindruck, mein Leben manchmal vorausgeschrieben zu haben. Wenn ich bisher schrieb auf Kosten des Lebens, ist es kein Wunder, wenn ich jetzt auf Kosten des Schreibens zu leben anfange. Die Bitterkeit, die darin klang, so oft ich daran dachte, schwindet. Sein, der ich sein werde. Ich werde mir Mühe geben.

1983

6. Januar

Die Mühe des Einzelnen: sie allein garantiert das Umfassende. Sein ist Werden. Wesen ist Ge-Wesen-Sein. Das Absolute zum Ziel zu setzen, ihm ein Sein zugestehen, das verschieden ist von dem Sein des Gewöhnlichen, Ungeheiligten: wie sehr muss das zum Leiden, ja zur Erstarrung führen.

Es ist so: wie sehr konnten sprachliche Gebilde mich ergreifen, auch die eigenen. Und wie wenig hatte dieses Ergriffensein mit Erkenntnis zu tun, für die ich es nehmen wollte. Erkennen meint: in wirklicher Weise auf sich selbst beziehen, Bewusstsein, Schwere, Existenz. Handeln aber ist die einzige Möglichkeit, wirklich Mensch zu werden.

In Augenblicken empfinde ich undeutliche Erinnerung an meine Kindheit, Faszination und Angst. Diese Angst, bis vor kurzem verdrängt, bricht jetzt wieder durch. Abgründe zeigen sich. Was ich ahnte, während ich schrieb, will jetzt erlebt und in aller Tiefe erlitten sein.

Dass das Allgemeine sich aus dem Einzelnen ergibt, habe ich irgendwie gewusst; und trotzdem nur das Allgemeine im Einzelnen betrachtet. Im Leben kommt es aber darauf an, jetzt und hier zu entscheiden.

Es gibt aber andere Formen der Begründung, die nicht auf bloßer Vernunft beruhen, sondern magisch sind. Märchen vermitteln solche Sicherheit dadurch, alles zu seiner Zeit, am richtigen Ort geschehen zu lassen. Freilich: wie schwer fällt das Vertrauen, der Glaube.

Geduld und Demut: zwei Haltungen, die ich erst lernen muss. Die Einsicht tut noch nicht weh. Ich ahne, dass jedes Wort, das ich dir schrieb, mir schrecklich weh tun muss; dass dieser Schmerz erst den Weg öffnen wird.

Aber wenn es so sein muss, wenn jeder seinen Weg allein finden und gehen muss, dann soll das im Guten sein. Aufhören zu schreiben, war schwer genug. Aufhören Briefe zu schreiben, macht Angst. Aber ich werde auch diese Angst einmal erleiden und überwinden.

27. Januar

Endlich fand ich zu einer neuen Sichtweise. Und so habe ich mich in sie gestürzt, dass ich bald wieder am Ertrinken war. Es ist eine Sicht des Heils, des zu-mir-Findens, des Seins mit anderen. Mein Fehler war, das wenige Licht, das durch den winzigen Spalt meines Egos drang, für den ganzen Himmel zu halten. So habe ich die Spur wieder verloren. Jetzt spüre ich ständig Ungeduld, die mich an wirklicher Arbeit hindert.

Ich zittere. Langsam sinke ich zurück in die Enge meines Leidens. Ich ahne, dass Freiheit vielleicht nur ein Traum ist. Dass der Mensch nicht vom Menschen und selbst das Wort von Gott ist. Dass es nur Wege gibt, keine Umwege.

7. Februar

Der Brief als Er-Findung von „Ich" und „Du": ein Ausweg und eine Gefahr. Vielleicht ist die wichtigste Aufgabe der Briefe die, mir eine Position für gerade heute zu sichern.

20. Februar

Gerade jetzt spüre ich die eigentliche Last, die ich zu tragen hätte: Verletzlichkeit, gefürchtet und ersehnt. Wer lange keinen wirklichen Schmerz gefühlt hat, hat Angst. Und wie oft merken wir die Angst nur nicht, weil sie uns ganz anders erscheint, als Eigenschaft an andern, von denen wir uns getrennt glauben.

Die Wahrheit der Tat ist eine verborgene. Die Wahrheit meines Schreibens zeigt sich darum nur langsam. Die Gedichte und alle anderen Texte: nach und nach entdecke ich ihre Wahrheit. Aber vielleicht sollte ich sagen: eine andere...

In dieser Hinsicht hast du Recht: auch mein Schreiben war Enthüllung, aber unbewusst, darum Verhüllung durch Enthüllung. Dennoch. Wenn ich will, geben mir diese Zeugnisse große Möglichkeit. Auch das ist Arbeit.

Nachdem ich eine Zeit lang meine Träume notierte, habe ich damit aufgehört, werde wieder neu beginnen müssen.

In einem stillen Augenblick stieg ein Satz von dir in mir auf und zeigte sich in seiner furchtbaren Größe: „Ich habe es wenigstens versucht". Vor diesem Satz habe ich Angst. Deshalb wohl wollte ich den Weg gar nicht mehr auf mich nehmen, sondern stellte mich ans vermeintliche Ziel - wie in der Fabel vom Igel und dem Hasen. Aber den Mut, wirklich zu verlieren, bringt ein Igel nicht leicht auf, es sei denn, er gibt die Grenze auf, die scheinbare, zwischen Niederlage und Sieg und erkennt: dass mit dem Siegen nichts getan ist, dass das Wirkliche zählt. Dann nämlich hat er die Gewissheit, dass er „in Wirklichkeit" gar nicht verlieren kann. Das ist kein Trick mehr, keine bloße List, sondern – Weisheit.

Abgründiges und Erhabenes...

9. März

Mir fällt eine Vorstellung ein, mit der ich damals nichts anzufangen wusste: Ich lief nachts einen Weg zwischen Feldern. Der Wind bog den Weizen am Rand, es knackte und rauschte überall. Da hatte ich eine Angst: dass ich festgehalten würde, ohne mich wehren zu können, festgehalten von irgendwelchen Mächten, während ich doch zugleich weiterging, die anderen mein Zurückbleiben, mein Verschwinden gar nicht bemerkten. Wir gelangten an den Rand eines Waldes, der Weg verlief vor uns im Dunkel. Ich wollte nicht weitergehen, durch die Angst, konnte einfach nicht...

Vielleicht zum ersten Mal, dass mir ein Bild in seiner Bedeutung bewusst wird.

Gestern hatte ich Träume, die sicher wichtig sind. Einmal stand in einem Garten ein Kunstwerk, das große Wirkung auf mich ausübte. In einem anderen Traum gelangte ich in Begleitung mehrerer Männer an einen bahnhofsähnlichen Ort. Es war, als wollten wir in die Sonne, aber auch, als kämen wir einmal sicher dort an.

12. März

Bisher übte ich den Flug noch über dem sicheren Netz meiner Neurose.

21. März

Der Glaube ist keine leichte Gabe, sondern schreckliche Tat.

Bei meinem Spaziergang haben mich nur wenige Gedanken gestört. Aber es kamen Ahnungen und Erinnerungen. Erinnerung auch an einen Traum, wie überhaupt, meistens wenn ich am Schreibtisch sitze, mich häufig Ahnungen von Träumen überkommen.

Mein Schreibtisch ist übervoll mit Büchern, Stiften, Blättern. Ich habe in den letzten Tagen gut arbeiten können, wenn ich auch fürchte, dass es oft noch an der nötigen Schärfe des Gedankens und Zusammenhangs fehlt. Es kommt mir ungeheuerlich vor, in eigener Verantwortung Sätze, ganze Seiten schreiben zu sollen. Eine neue Beobachtung verändert alles, weist andere Richtungen, schafft Zusammenhalt oder lässt auseinander brechen. Diese Nichtabschließbarkeit bedeutet eine Unsicherheit der Form solcher Arbeit. Zufällig schaue ich irgendwo hin, finde etwas, das einen Gedanken anregt oder ergänzt, komme zu neuen Ideen, neuem Interesse. Solche Arbeit ist kaum kontrollierbar. Sicher hat sich mir ein Tor geöffnet.

Es geht um den Menschen, dieses so unsichere, ungeheure Wesen. Es geht um Enthüllungen, wie ich sie mir Stück für Stück schaffe. Das Herz muss mitdenken. Der lebendige, aus der erlebten Realität geschöpfte Zusammenhang muss sich auftun.

So scheint es, als fände ich – trotz Rückschlägen – zurück in die Zukunft. Nur ist die lebendige Wirklichkeit nicht eben so, dass sie eine gesteigerte Sensibilität begünstigt.

Dass ich meine Entwicklung vorzeichnete in dem, was ich schrieb, habe ich schon erwähnt. Nun weiß ich aber auch, dass ich, als ich damals schrieb, eine Ahnung hatte der wichtigen Dinge.

Von dem vielen, das zu Anfang nach Erzählen drängte, sind – zufällig? – diese Seiten geblieben. Vieles verschwindet, taucht in anderen Briefen auf, vielleicht nie wieder. Morgen werden wir eine andere Welt haben, aber keine *ganz* andere.

28. März

Das Reden, das seine Dämonie nicht aussprechen kann; das isolierte Ich, das sich aus Verzweiflung in Bindungen stürzt, die zum Scheitern verurteilt sind; der verzweifelte Wille, die Hölle der Subjektivität zu durchbrechen: alles das kenne ich.

9. April

Was aus dem Jungen bloß werden soll: das frage ich mich auch. Und mich ergreift Schwindel, wie überhaupt wenn ich denke, mit dem Herzen denke, mich Schwindel packt. Ich wollte zu den Menschen und manchmal komme ich dort an. Ich weiß um die Notwendigkeit vorüberzugehen. Wenn die falschen Gefühle – aus gutem Grund und Willen – verschwunden sind, man in Gleichgültigkeit, Beziehungslosigkeit zu versinken droht: wie sehnt man sich dann nach Zeiten, in denen Leidenschaften einen fortrissen. Lieben wollen, aber nicht lieben: das zu ertragen ist schwer.

Wie das viele, allzu viele plötzlich verschwunden ist, sich entzieht, das Wichtige plötzlich unwichtig sich gibt. Dass es dennoch weitergeht mit uns, müsste uns eigentlich Zeichen sein des Getragen-Seins. Dass wir *auch* es sind, nicht aber allein, die unser Leben voranbringen. Briefe sollen also Hilfe sein, ein Übergang. Sitzen und brüten. Wenn nur die Unruhe nicht wäre. Wenn nur der innere Mensch da wäre, den inneren Menschen zu finden!

16. April

Was es bedeutet: nicht mehr wollen, nicht mehr können! Und dass – wie immer, wie überall – es gar nicht die *anderen* sind, die es nicht schaffen, sondern es umgekehrt nahezu unbegreiflich ist, wie einer den Mut haben kann zu wollen. Manchmal habe ich Angst, diesen Mut nicht mehr aufzubringen. Zuerst ist da diese Müdigkeit, am schlimmsten, wenn ich arbeiten soll, verschwunden, wenn ich schlafen will. Unlust, Gleichgültigkeit. Erschrecken vor der vergehenden Zeit.

Aus der unendlich differenzierten Wirklichkeit der letzten Tage zurückgleiten in die Welt der Verzweiflung.

29. April

„Philosophie ist für Platon die Form des Eros, die auf unmittelbare Vergegenwärtigung des Einzelnen zielt. Philosophie steht so im Zusammenhang mit verschiedenen menschlichen Bemühungen um Aufhebung der Entfremdung des Menschen von seinem Grund." (Robert Spaemann)

Ich muss gestehen, dass ich von diesem Aspekt nichts wusste. Der Heilsweg – sofern er einem zugänglich wird – wird nicht nur erzählt. Das Denken selbst ist der Weg.

Es ist, als habe sich etwas geöffnet, habe Zugang gewährt. Dass aus bloßem Wissen *wirkliches* Wissen werden kann, diesen Zugang haben ist – Genie.

Das ist ja das Schlimme: dass keiner über seine enge Beschränktheit hinausragt. Diese Kälte ist das, was mich schwindlig macht, wenn der Panzer sich auftut und die Welt, das Sein der Anderen zu mir dringt. Jetzt erst fange ich zu begreifen an: Dass es möglich ist, zu hören und doch nicht zu hören, zu leben und doch nicht zu leben: ich weiß es.

Solches Erleben ist das *Andere*. Und es darf nicht einfach zum Gegenstand eines Schaffens werden, dem es in allem doch nur um sich geht. Aber dass es so ist, ist beschämend und beglückend zugleich.

Das war eine wichtige und notwendige Erfahrung: dass eine Beobachtung, zufällig gemacht, alle Gedanken, Details neu strukturierte und teils komplizierte und immer weiter sich komplizierende Überlegungen zu höchster Einfachheit ordnete. Alles lag mit einem Mal deutlich vor mir. ES war in mir, ES sprach aus mir, klar und deutlich. Nüchtern betrachtet, war all das wieder unbedeutender, mehr Buchstabe. Noch während des Schreibens dachte ich, dass es nicht schwer wäre, die so gefundenen Gedanken exakt zu entwickeln.

Von einer besonderen Erfahrung muss ich dir noch erzählen. Während ich hin und her sann, was das Problem sei, drei Tage gegen Mittag jeweils eine Erleuchtung hatte, die wenig später in

erneutes Fragen und Suchen mündete, stellte sich mir nachts –
ich schlief sicher nicht richtig – das Problem in aller Deutlich-
keit dar mitsamt der Lösung, die mit der klaren Problemstel-
lung ja nahezu gegeben ist. Ich stand auf, von Freude erfüllt,
ging zum Schreibtisch, überlegte, ob ich das Gesehene notieren
solle und fand, es sei deutlich genug, nie mehr verlierbar. Ich
legte mich hin und – fand die Gedanken nicht wieder. Hoffte,
wünschte innigst, die Vorstellung würde sich wiederholen. Sie
wiederholte sich. Wieder stand ich auf, wusste die Sache so
deutlich wie zuvor und war nur zu bequem (was irgendwie ver-
ständlich ist, mitten in der Nacht, und doch) zum Schreiben.
Am Morgen erinnerte ich mich nur noch, dass etwas gewesen
ist, weiß nicht mehr was.

Das Ganze hat mich nun nicht sehr verwundert. Psychologisch
sind solche Vorgänge befriedigend zu erklären.

Jetzt sitze ich hier, weiß, dass ich mich endlich für mich entscheiden muss. Dass alles Ungenügen an der Welt doch nur
den Sinn hat, mich zu dem zu zwingen, was ich sein soll – weil
ich es bin. Die Bücher und nicht die Frauen. Dass Eros eigent-
licher Antrieb ist der Philosophie, das „Zeugen von Gedanken" das Höchste überhaupt: ich weiß es.

30. April

Wer ist das, der morgens begeistert liest, begreift, was Philosophie vermag? Der den Tag in Gesellschaft junger Mädchen ver-
bringt, lustig, wenn man so will, und doch wissend, dass Einer
in ihm denkt: der Andere, der ich auch, der ich vor allem bin?
Der sich eben noch für die Bücher entschied und doch, doch
nicht lassen kann, was der Andere nicht versteht? Der versucht,
die Philosophie nicht gegen die Frauen, sondern mit ihnen zu
gewinnen, dass fortan interpretiert und analysiert werde, was
zu interpretieren sei, die Mädchen aber nicht, die sein sollen,
was sie sind...

Ich will schlafen, nicht mehr denken müssen, träumen:
die Erlösung.

Jetzt erst verstehe ich ein Erlebnis, das ich vor Jahren hatte. Damals lief ich in deutlichem Abstand zu den andern auf einer Wiese. Und diese Distanz eher heroisch wollend, als schmerzlich ertragend, hörte ich eine innere Musik, deren Sinn die Vollkommenheit, das Absolute war. Ich weiß: das ist gefährlich. Der Wahn wird greifbar hier. Aber sind wir uns nicht einig darin, dass nicht eine vorgeblich objektive Falschheit, sondern das sich Aufhalten in Gebieten der Erfahrung, die außerhalb der Übereinkunft der Gesellschaft liegen, den Wahn-Sinnigen ihr unerträglich macht? Wir sagen „Unbewusstes", wissen aber nicht so genau, was wir damit meinen. Immer noch nicht. Wir sollen dem Menschen nicht zu viel an Bewusstsein zugeben, gewiss. Ich weiß ja, dass ES in ihm denkt.

Immer dauert es eine verdammte Zeit, bis wir wissen, was mit einer Entdeckung eigentlich entdeckt ist...

28. Mai

Gestern zeigte sich mir immer deutlicher der Sinn einiger Überlegungen psychologischer, aber auch philosophischer Art (welche Trennung mir überhaupt eine künstliche, ja gefährliche scheint). Während wir also redeten, offenbarte sich mir der Sinn der Entwicklung der Philosophie – andeutungsweise. Ich *verstand* mit einem Mal, wenn ich auch deutlich wusste, dass – ähnlich wie in jener Nacht – das tief Erfahrene nicht bleiben würde.

Die grundlegende Entdeckung ist die Subjektivität, die unauflösliche Verflochtenheit des Ich mit der Welt, dass es kein „Innen" und kein „Außen" gibt. Das einmal begriffen, drängen sich viele Fragen auf: wieso wir dennoch in einer gemeinsamen Welt zu leben scheinen und ob diese Welt die einzig mögliche ist. Ob nicht vielleicht unsere Bewusstseinsstrukturen psychologisch-historisch-sozial zufällig sind und gesprengt werden können, gesprengt werden müssen. Der Wahnsinn ist ja nichts anderes als solch eine Sprengung. Auch Drogen haben diese Wirkung.

Alles hängt von der konsequenten Handhabung dieser neuen Einstellung ab.

Rückbezug zum Leben also. Endlich Perspektiven sehen. Von hier aus erscheint, was wie ein sinnloses Stürzen in Abgründe aussah, durchaus sinnvoll.

2. Juni

Die Schwierigkeit sehe ich darin, dass das Verstehen der Wörter im Alltag auf Vorurteilen beruht, die als solche nur nicht gewusst sind. Jeder meint zu wissen. Der Dichter aber, der bewusste Mensch überhaupt, *weiß, dass er nicht weiß,* und versucht nun, nicht den Begriff, sondern die darin ausgesprochene Handlungsweise allererst zu finden, zu erschaffen. Eine Methode ist die aus der strengen Besinnung hervorbrechende intuitive Idee.

Ob ich diese Zusammenhänge für immer behalte? Sie sind ja nicht ganz augenblicklich. In gewissem Sinn steckt eine Idee der Philosophie dahinter, die mir nur lange noch nicht klar ist. Und natürlich, untrennbar, die Idee des Heils.

Ich hatte dir ja geschrieben, dass diese Arbeit wirklich aus mir kam. An den Moment der Geburt dieses Zusammenhanges erinnere ich mich sehr deutlich. Er hatte etwas von Offenbarung an sich. Ich sah diesen Zusammenhang, spürte ihn geradezu. Die schriftliche Fixierung umriss ihn, suchte das Wesentliche zu erfassen und ließ die sich daran anschließen könnenden Ausführungen weg. Der Funke war da, das genügt.

Ich meine also, mein bisheriges Denken, Suchen, mich Bemühen hat zur Folge, dass die Unsicherheit dieses Bodens (oder richtiger: das Fehlen dieses Bodens) sich in eine sich festigende Grundlage wandelt, einem Brett vergleichbar, das sich über einen Abgrund schiebt, sich biegt irgendwann, so dass der darauf Laufende den richtigen Augenblick abwarten muss, um, das bisher Geleistete als Sprungbrett benutzend, sich leicht zu neuen Ufern zu erheben – andernfalls das Brett sich in den Abgrund biegt und bricht.

Nun federt es zwar gelegentlich, doch wäre der Sprung noch einer, der nicht zu neuen Ufern reichte sondern, mit mehr Eleganz vielleicht, im Abgrund landete.

Die Geschichte deines Buches würde mich interessieren. Die Frage nach der Beziehung von Leben und Werk ist ja keine ganz triviale. Ich will einmal nicht über andere nachdenken, sondern von mir erzählen. Als ich zu schreiben anfing, gab es dazu einen bestimmten Anlass, einen Brief. Ich setzte mich, verletzt und bewusstlos in gewissem Sinn, und schrieb. Daraus wurden jene 60 Seiten, die ebenso abrupt aufhörten – an einem Punkt übrigens, über den ich seither oft nachgedacht habe, was er bedeute.

Es war also so, dass ein enger, sehr enger Zusammenhang bestand zwischen Schreiben und Leben, dieser Zusammenhang aber kein bewusster war. Für den Text selbst ist damit freilich wenig erklärt, denn persönlich, im Sinne von autobiographisch erzählend ist er nicht. Doch genug. Ich wollte mein Interesse bekunden an den Gründen deines Schreibens.

3. Juni

Ohne Risiko kann das Außerordentliche nicht gefunden und verwirklicht werden.

24. Juni

Philosophie. Denken tief und weit. Das Nächste hören und das Ferne sehen. Ob meine Ruhe wahr ist? Könnte ich nicht auch verzweifeln? Es ist etwas Sonderbares um diese Stimmung: „Die Gefahr des Menschen ist die Selbstgewissheit, als ob er schon wäre, was er sein könne." Karl Jaspers)

Mit wirklichem Ernst in die tiefsten Widersprüche, Rätselhaftigkeit. Dann gibt es nur ein Motiv: die unfragbare Frage. Alle Philosophie ist die Suche nach ihr. Das Denken muss sich selbst negieren und dazu braucht es sich. Das Geheimnis kann deutlich werden, es entschwindet, wenn man es zu fassen versucht.

„Ursprünglich" heißt: in die Ruhe denken. Dieses ruhige Denken ist selbst das Geheimnis, immer zu erneuern. Philosophie ist eine Weise zu sein.

Das wichtige Denken ist ja vielleicht gar kein Denken, sondern eine Erleuchtung: dass das Undenkbare undenkbar ist.

14. Juli

Was es heißt: Leben – manchmal wird es mir bewusst. Deutlich merke ich aber, wie sehr die Ruhe, Tiefe, Vertiefung sich entzieht. Wie viele Einsichten habe ich doch gehabt, wie wenige davon sind bleibend.

Dass ich wirkliche Schritte kaum gemacht habe, weiß ich jetzt. Ich spüre die Angst, dass das Leben mir nicht gelingt, vielleicht zum ersten Mal wirklich. Aber diese Angst ist nicht mehr so ganz gegenstandslos, ist eher Furcht: dass ich eine Lebensform mir suchen muss; dass es nicht angeht, vom Leben zu reden und sich treiben zu lassen; dass es gilt, die Worte wahr zu machen.

Jetzt an den Tod deiner Mutter denkend weiß ich, dass nur, wer ins Leben nicht geboren war, auch im Tod nicht wird wiedergeboren werden.

2. August

Außer einigen wenig bemerkenswerten Sätzen, die ich bei Spaziergängen Freunden zuwerfe, habe ich immer noch nichts geschrieben. Briefe ja, am Geheimnis gerätselt. Ich habe die Gedichte wiedergelesen – eigenartig. Die Ängste, Verzweiflungen, Freuden sind andere geworden, aber irgendetwas davon ist geblieben, etwas, das auch sagt: du hast Sinn geschaffen, in dem Augenblick war er da – wenn ich auch irgendetwas falsch gemacht habe.

„Es gibt ihn, den Vers ohne Wunde" (Reiner Kunze). Vielleicht. Meine sind es nicht und deine auch nicht. Aber in einigen Gedichten ist etwas davon zu spüren. Vielleicht ist die Wunde keine wirkliche mehr, die man besingt.

26. September

Dank für deine beiden lieben Briefe. Ich fand sie bei meiner Rückkehr aus M., wohin ich, sicherlich überstürzt und überraschend, für einige Wochen gefahren war. Lange Zeit bin ich in mir gewesen, habe von dem Fremden, Neuen wenig gesehen. Ich habe ein Tagebuch angefangen, das schließlich recht umfangreich geworden ist. Nicht immer war es nützlich, diente der Flucht, war aber auch Segen und auf den Weg bringen. Ich brauche Zeit, die Reise zu wiederholen, fruchtbar zu machen.

Wie anders das Leben hier wieder ist! Aber wenn auch die große Veränderung, deren Idee ich ja lange genug mit mir trage, nicht einfach wirklich geworden ist, so bin ich doch ein wenig ernsthafter geworden, ein wenig dem engen Kreis meiner Subjektivität entwachsen. Dass wir uns nur um wenige Menschen kümmern können, diese uns aber fast unser Leben kosten, das kann ich jetzt verstehen.

Du schreibst, man fürchte sich oft davor, sein Leben in Zeichen zu sehen. Eben das: Zeichen sehen und ihnen folgen, andere Wirklichkeiten wahrnehmen können: dahin zielt all mein Mühen. Wenn mich das Auftauchen fremder und vergessener Welten früher erschreckt hat, so kann ich nun besser die neue Wirklichkeit anerkennen, mit dem Wissen freilich, dass das mich Einlassen auf diesen Weg gefährlich, verwirrend, anstrengend sein kann. Vieles liegt noch im Dunkel, aber dass dies der richtige Weg ist, weiß ich. Wie ich dazu kam, all das zu schreiben, wird mir immer rätselhafter.

Schon auf der Rückreise spürte ich etwas irgendwo her Vertrautes, einen Zauber, wenn er auch immer noch vom Verschwinden bedroht ist. Der Blick aus dem Fenster jetzt: wie hatte ich all das nicht mehr gesehen. Wie gleich freudlos war jeder Tag. Wie mühselig musste ich mir meine Freude erfinden, diese Ersatzfreude, dieses Hochgefühl, diese Manie, deren Preis tiefe Verzweiflung war. Aber es ist nur ein Anfang. Zu viel noch versperrt das Erleben dieser Welt, muss weggeräumt werden. Wie gern will ich diese Arbeit tun. Grenzen niederreißen: nur das kann unser Weg sein.

11. Oktober

Drei Jahre sind es nun, seit wir uns kennen. An einem nasskalten Herbstabend schriebst du „*Für Benedikt*" in deinen Roman, fragtest ungläubig „Sonst nichts?" – und ich verneinte. Das war ein Versprechen auf unsere Zukunft. Ich lief damals durch Saarbrücken, kaufte einige Bücher. Dazu steckt man mir eine kleine Karte, die ich später erst las. Es war die Einladung zu deiner Lesung. Ich kann mich jetzt nicht genauer an diese Zeit, ihre Stimmungen und Bewegtheiten erinnern. Zufall jedenfalls war es, dass ich an jenem Tag dort war. Sinnlos, verwirrt lief ich durch die Stadt. Da fiel mir plötzlich ein, dass ich für diesen Abend eine Einladung hatte. Unsicher ging ich ins Theater, setzte mich ziemlich weit hinten auf einen Stuhl. Ich merkte, dass ich unpassend gekleidet war. Die Frau mit dem blauen Kleid fiel mir auf, und ich rätselte, ob sie die Autorin sei. Sie war es. Zwar verstand ich später nicht allzu viel. Irgendwie aber zog mich das Buch an. So kamen wir ins Gespräch. Zwar waren die vielen anderen noch da, die Bücher signiert haben wollten, auf Gespräche hofften. Ich sollte schon einmal in den Nebensaal gehen, du würdest später kommen. Wie überrascht war ich, eine so festlich gedeckte Tafel zu finden! Ich bemerkte eine ältere Frau, mit der ich, weiß nicht wie, zu reden anfing. Sie war deine Mutter. Dann standest du auf einmal bei uns, wir sprachen viel miteinander, irgendwie waren viele Grenzen einfach nicht da.

Es folgten viele Briefe. Allmählich war ich es, der öfter schrieb. Jetzt erst werden mir die Stunden bewusst, die ich mit Schreiben verbracht habe.

Als ich dann bei dir war, war ich noch ganz im Traum des Dichters befangen, hatte kaum Boden unter den Füßen, war kaum Mensch. Alles Wesentliche in dieser Zeit ging in die Kunst. Die Dinge, die mich begeisterten, erzählten meine Wahrheit. Und meine Sehnsucht war Angst vor wirklicher Begegnung.

Was Literatur vermag, habe ich unterwegs erfahren: „Es fehlt nicht an Autoren, deren Verzweiflung an unserer Zeit und deren Angst vor dem Chaos echt ist. Es fehlt aber an solchen, deren Glaube und Liebe ausreicht, sich selber über dem Chaos zu halten." (Hermann Hesse). – Jetzt erst habe ich erfahren, was das heißt: Glaube. Auch er war die Entdeckung dieser Reise.

Manchmal fragten Leute nach Lesungen, warum ich schreibe. Ich wusste nie eine wirkliche Antwort, versuchte aber zu erklären, dass der Vorgang des Schreibens das im Schreiben Mitgeteilte heilige.

Noch etwas fällt mir ein zu dem abgebrochenen Satz im letzten Brief: „Wenn der lebendige Zusammenhang schwindet, nur noch Gedankenerinnerung bleibt, dann ...“ – habe ich eine Moral, wollte ich sagen, weil ich trotzdem handeln soll. Weißt du, unterwegs machte ich Notizen, in denen ich den Wechsel zwischen dem Aufleuchten dieses Zusammenhangs und seinem Verschwinden festhielt. Zuhause fügte ich hinzu: „Nicht weiter darüber schreiben, sondern eine Figur der Märchen werden.“ So, fern allen Bildern und Zwängen, allem „Du sollst!“, fällt es mir leicht, „Gott“ zu sagen.

8. November

Vieles ist geschehen oder noch am Geschehen. Den mir gewünschten Mut habe ich ein wenig aufgegriffen. Plötzlich gibt ein Zufall den Weg und ein anderer den nächsten Schritt, überraschend, wunderbar. Seit ich mich ein wenig lösen konnte aus den Verstrickungen ins eigene Ich, *geschieht* alles wieder. Begegnungen, Austausch, Aufbruch.

12. Dezember

Gestern kam ich aus dem Krankenhaus. Es war eine gute Zeit. Ruhe, Gelassenheit. Das Hineinstehen in diese Wirklichkeit – endlich. Und nichts verloren von meinem Wissen, der tiefen Ahnung, aber sie zur Ruhe gebracht. Es war ja so ein Höhenflug, den ich lange nicht mehr hätte aushalten können. Vielleicht war der Baum die Rettung vor dem unheilvollen Verrücken. Die Gefahr war da, spätere Träume haben sie wieder gezeigt. Überhaupt hatte ich tiefe Träume in dieser Zeit.
Hatte ich einen Unfall? War im Krankenhaus? – Wie weit das schon ist. Ich werde versuchen, das wieder geschenkte Leben mit Sinn zu erfüllen.

20. Dezember

Ich versprach dir zu schreiben, was auf dem Blatt geschrieben stand, das ich gefunden hatte. Es ist leider verloren. Aber von all den Sätzen blieb einer fest im Gedächtnis: „Das Himmelreich ist nahe“. Von Frieden war noch die Rede, von Ruhe, der Stille des Herzens. Ein merk-würdiges Blatt. Ein Zeichen.

Vom Unfall weiß ich, dass ich mit heiterer Gelassenheit bemerkte, die unvermittelt auftauchende Kurve nicht mehr fah-
ren zu können. Ich bremste, die Räder blockierten, der Wagen
ließ sich nicht mehr lenken. Fuhr auf die abgesenkte Leitplan-
ke, prallte gegen einen Baum, rutschte die Böschung runter.
Ich kam zu Bewusstsein, bemerkte was geschehen war. Ich
fragte mich, ob ich wache oder träume, entschied aber, dass
die Beantwortung dieser Frage nichts ändere. Dieser Gedanke
beruhigte mich. Ich fühlte mich wohl und schloss die Augen
wieder. Es folgte ein merkwürdiges Erlebnis. Es war wie ein
Leichtwerden, Entschweben, ins Licht Entschwinden. „So einfach" empfand ich dabei. Je höher ich stieg, umso ekstatischer
wurde mein Erleben. „So einfach", dachte ich, was sich auf
alles in-der-Zeit-Sein bezog, mein bisheriges Leben, den Alltag,
die Sorgen. Lange Zeit hatten sie mich gefesselt, eingebunden,
waren wirklich. Jetzt aber war alles vorbei, begann eine andere Wirklichkeit. Dann dämmerte mir, dass, wenn das Leben
war, wovon ich schied, dies selber Sterben sein muss. „Ich will
nicht sterben", dachte ich, „noch nicht. Will wieder zurück
zur Erde". Die Ekstase strebte ihrem Höhepunkt zu, der un-
umkehrbaren Glückseligkeit. Der Gedankenwille konnte nur
mühsam ihrer Anziehung widerstehen. Dann aber verlangsam-
te sich der Aufstieg und hörte schließlich auf. Ich öffnete die
Augen, gewahrte Menschen, die mich nach Name, Herkunft,
Aufenthaltsort fragten. Ich erinnerte mich ohne Mühe, wenn
auch die Bedeutung von all dem *Leere* war. Von da an war ich
bei wachem Bewusstsein. Man fuhr mich ins nächste Krankenhaus. Gelassen vernahm ich die Feststellungen der Ärzte. Über
eine Stunde wurde genäht. Dann brachte man mich in ein Zim-
mer, wo ich allein blieb. Jemand hatte mitunter meine Hand
gehalten, das tat gut. Wie tief ich sie nehmen konnte!
Ärzte sagten eine lange Zeit im Krankenhaus voraus. Was tun?
– *Seinlassen*, dachte es in mir. Und mir wurde deutlich, dass
„Seinlassen" zweierlei bedeutet: „Loslassen" und „entstehen
lassen" in einem. Und mich ganz dem offenbar gewordenen
Sinn des Wortes überlassend, spürte ich mit jedem Atemzug
mehr ein in Berührung kommen mit dem stillenden, tragen-

den, nährenden Grund des Seins. Und wo eben noch das unablässig ins Denken und Sorgen verstrickte „Ich" das unheilvolle Netz der Neurose spann, öffnete sich, unendlich weit und still, den Sternen nah, der Atem-Raum der Freiheit.

Überraschend schnell heilten die Wunden. Ich konnte *lesen*. Tagsüber lag ich in der Sonne, abends zündete ich eine Kerze an. Bedeutsam funkelten die Sterne in der Nacht. Einmal war mir, als träten alle Seelenteile auf einmal vor mich hin, denen ich zuvor zersplittert in meinen Liebschaften nachgelaufen war.

Ein Märchen? – Nicht nur. Es gäbe genügend zu bedenken. Ein wenig ist die Gewohnheit zerstört.

24. Dezember

Der Unfall birgt sich in Vergessen. Allmählich kehrt das Gewöhnliche wieder. Verwundert stehe ich. Und statt im Umfassenden weiter geborgen zu sein, dem *alles durchdringenden, allem innewohnenden Sinn*, stehe ich ratlos, ruhelos. Doch es geht. Stürzen werde ich von nun an nicht mehr, vielleicht stolpern.

Es gibt das Absolute nicht in dieser Welt, aber es gibt Grenzen...

REISETAGEBUCH

24. August 1983

Von ängstlich bis freudig alle Gefühle empfunden. Jetzt bin ich ruhig.
Festhalten am Beginnen. Alles ist erst am Anfang.

25. August

Wie viel ich vergessen habe von früheren Zeiten! Stimmungen, Bilder, Gerüche tauchen auf. Von was habe ich nur geredet die ganze Zeit? Wo gelebt?

26. August

Ich sitze auf einer Steinbank, Blick aufs Meer. Die Sonne kommt kaum durch die Wolken.
Immer noch komme ich nicht gern in die Welt. Meine Mut, meine Ausgeglichenheit sind nicht überzeugend.
Nicht in meinen Zorn, meine Sehnsucht verkriechen.
Hier ist mein Ort.

27. August

Als ob ich alles vergessen würde! Ich lerne nichts.
Geduld.

28. August

Ich spüre Heimweh, Freiheit und Möglichkeit. Auch an die Rückkehr denke ich, weiß aber, dass ich erst die Angst, den Schmerz durchleiden und überwinden muss.
Erst werden. Dann lieben und geliebt werden können.

29. August

Bald fällt der Vorhang. Eine andere Welt.
Der Weg nach innen ist der Weg nach außen.

30. August

Man muss die Angst verlieren, aber nicht unvorsichtig werden.

31. August

Alles hinter Glas. Gleichgültigkeit allem gegenüber. Gefühl des Schwebens, der Unwirklichkeit.

1. September

Ankunft in M. Ich habe kaum geschlafen, geträumt. Für Augenblicke kommen gute Gefühle. Doch weiß ich immer noch nicht, was und wohin ich soll.

2. September

Es geht. Zwar sind tiefe Empfindungen selten. Augenblicke wie im Traum. Alles wird lebendig, verschwindet aber auch wieder.
Was weiß ich wirklich?

4. September

Philosophie! – Es ist an der Zeit, etwas zu tun.
Ich darf meiner Wirklichkeit nicht mehr entfliehen.
Freiheit ist sein können. Sich hingeben. Gegenwärtig sein.
Das Ungesagte hören. Das Unsichtbare sehen.
Ich fühle, dass ich erst für mich sein soll, um einen anderen wirklich erreichen zu können.

5. September

Was der Mensch ist! – Gestern sprach ich mit einem Jungen und entdeckte unzählige Möglichkeiten in ihm. Vom Urhaftesten bis zum Höchsten. Ein faszinierender Anblick.
Veränderung. Nicht festhalten am Alten. Es gibt Anderes.
Aber Verzicht ist eben Verzicht.

6. September

Zwar bin ich nicht selbstvergessen glücklich, aber auch nicht verzweifelt.
Prädestination steht ja nicht im Widerspruch zur Freiheit, sondern sagt, dass, wenn wir sterben, unser Ziel erreicht, unsere Aufgabe im Weltspiel erfüllt ist.
Aber ich weiß nichts. Nur, dass ich irgendwohin kommen will und werde, wenn mir auch diese Bewegung selbst noch entgeht.

Mir folgen. Phantasien, Ängste, Erinnerungen ernst nehmen.
Ein weiterer Tag am Meer.

7. September

Ängste, denen man sich im Dunkel nicht stellt, finden sich in der Wirklichkeit.
So viele Wege. Ein Ziel. Jeder sein eigener Führer.
Tun ist etwas anderes als Denken.
Menschen, Bücher, Inspirationen. Geister, die ich rief...

8. September

Der Himmel ist voller Wolken. Zeit, von hier fortzugehen.
Kreise weiten. Leben erobern. Eintauchen. Immer wieder.
Mit eigenen Augen sehen.

9. September

Ich spüre eine freudige Aufbruchstimmung, ruhig, ganz bei mir.
Ich denke, jetzt einen Weg gefunden zu haben, den ich entschlossen gehen muss.
Mich freuen können. Dankbar sein.
Verlorene Welten.

11. September

Musik. Stimmen. Zauber zwischen Abfall und Dreck.
Das Gefühl der Sicherheit, das in mir aufgekommen war, ist so nicht mehr da. Aber ich fühle auch ein Geborgensein, wenn ich mich nur ganz auf die neue Wirklichkeit einlasse.
Träumer irgendwo, immer nicht am Ziel.
Wir alle sind Schöpfer und Geschöpfte!

12. September

Was für ein Ausweg schreiben zu können!
Weiß ich denn meinen Weg?
Die Logik des Kindes fällt mir ein: etwas tun, um es getan zu haben. Um mich später daran erinnern zu können.

13. September

Ein Abenteuer fängt immer an, nur sieht man es vielleicht nicht. Später einmal ist es aber eine Geschichte.

14. September

Wieder eine schlaflose Nacht. Ankunft in S.
Wie mich all das erinnert!
Immer wieder spüre ich Angst. Beim Schreiben aber taucht ein – vielleicht trügerisches – Gefühl auf, doch auf dem Weg zu sein. Dann entschuldige ich mich, sehe einen anderen Zusammenhang, in dem alles gut ist.

15. September

Lieben heißt: im Detail leben. Alles ganz langsam und ruhig tun. Es ist Zeit genug.
Wie alles sich fügt...

16. September

Die Welt des Geistes ist die Welt des Erlebens. Mut ist ein sich Einlassen bei Gefahr. Der Weg führt durch die Angst. Sich eingestehen. Sich wagen. Verantwortung tragen.
Ich kann vielleicht bald wieder „Gott" sagen.
Oh Wunder der Welt! Wege, die wir gehen, bevor wir sehen lernen...

17. September

Erleuchtung darf nicht das Ziel sein, sondern der Weg.
Schicksal ist der Sinn in der Erinnerung.
Unendliche Nähe ist schwer.
Das Vergessen ist groß.

18. September

Wie fühlte ich mich gestern eins mit der Welt! Und bin mir, als neuer Versuch, als neuer Wurf zum Menschen hin, schon wieder so fern. Zwar weiß ich noch vieles mit dem Kopf. Das Herz aber ist wirr und schweigt.

19. September

Allein am Strand. Alles scheint sinnlos und vergebens. Lust spüre ich am Untergang. Aber ich weiß, dass ich die Spannungen jetzt aushalten soll.
Wie viele Welten, so viele Missverständnisse.
„Ich" sind viele.
Von dieser Welt will ich nicht lassen.

20. September

Ohne Ruhe, aufgewühlt.
Es kommt auf die Veränderung der Welt an.
Alles neu sehen. Eine andere Welt erfinden.
Wie weit weg bin ich von aller Sicherheit...

21. September

Wo bin ich? – Welche Wirklichkeit will ich?
Wieder erschrecke ich vor den Bildern meiner Seele.

22. September

Ver-rücken. Der Glaube, dass „Ich" nicht wirklich ist.
Weitergehen. Sich nicht aufhalten, nicht erschrecken lassen.
Lebendige Angst.
Für andere wird sie nur ein Wort sein.

23. September

Die Abreise. Unwirklich. Wundersam.
Nichts hält mich. Nichts drängt mich. Und doch ist diese Welt voll Zauber.
Was war? – Was habe ich getan?
Hier fängt die Philosophie an.

PHILOSOPHISCHES TAGEBUCH

Einblicke in die Werkstatt

„Wir müssen das Experiment des Lebens, wenn auch kontemplativ, in umgekehrter Richtung wiederholen, um die Bedingungsverhältnisse der Lebensresultate zu erkennen, wie denn dies die Richtung ist, welche sich uns als die der Wissenschaft überhaupt darstellen wird."

Paul Yorck von Wartenburg

„Es könnte sogar sein, dass die wachsende Zahl von Menschen auf der Erde, die kraftvolle Bilder von Frieden und Freude für alle Erdbewohner erschaffen, es wahrscheinlicher macht, dass wir alle die derzeitige Krise dieses Planeten überleben und uns weiter entwickeln, um das größte Potenzial der Menschheit zur Entfaltung zu bringen."

Stephen LaBerge

„Die Geschichte meines Lebens während dieser letzten Zehn Jahre ist die Geschichte von Erlebnissen und Vorgängen, die sich in meinem Innern abgespielt haben."

John Blofeld

Vorbemerkung des Herausgebers

Die nachfolgenden Aufzeichnungen schließen unmittelbar an das *Reisetagebuch* an. Sie beginnen im September 1983 und wurden handschriftlich in 45 Bänden über zehn Jahre fortgeführt. Für die Veröffentlichung wurden die Aufzeichnungen erheblich gekürzt und gelegentlich sprachlich überarbeitet. Weitgehend weggelassen wurden die Einzelheiten des intensiven langwierigen Prozesses der *Wiederholung, Selbsterinnerung,* in den die Einsichten und Bemerkungen eingebettet sind, in welcher Beschränkung sich der Titel *Philosophisches Tagebuch* begründet. Dies gilt vorerst in gleicher Weise für das umfangreiche Traummaterial, selbst in den Fällen, in denen ein Zusammenhang mit Ereignissen des Lebens und philosophischen Problemen und Einsichten offensichtlich ist. Wiederholungen, die das stets erneute *Aufleuchten* und die sich steigernde Intensität der Einsichten deutlich machen, wurden weitgehend beibehalten. Nicht eigens kenntlich gemacht wurde der Unterschied zwischen *klarem einleuchtendem Denken* und nachfolgender *Erfahrung,* der sich – meist über längere Zeiträume – in der Wiederholung bedeutsamer Inhalte ebenfalls spiegelt.

Als *Zitate* kenntlich gemachte Sätze entstammen Träumen, Gesprächen oder Werken des Autors, ohne im Einzelnen ausgewiesen zu sein. Zitate aus anderen Werken wurden als solche kenntlich gemacht.

Grundsätzlich kann gesagt werden, dass es sich bei dem vor-gelegten Material nicht nur um mit *Gewissheit* Verstandenes und Erkanntes handelt, sondern um einen *Prozess der Wandlung,* des-sen Richtung mit *Sein* oder *Menschwerdung* zutreffend bezeich-net werden kann.

Späten Aufzeichnungen vorgreifend, sei zu Beginn bereits dar-auf hingewiesen, dass dem *Werk* folgende *Zueignung* zugedacht war:

Den *Frauen* meines Lebens,
den *Bildern* meiner Seele

29. September

„Glauben" heißt: festhalten an der Richtung. Richtung Offenheit, Nähe. Richtung Freude, Dank. Richtung Leben, Lieben, Erwachen.

Der erschreckenden und vernichtenden Einsicht ins Augen sehen: dass das Leben bisher sinnlos war, unwirklich, unmenschlich, lieblos.

30. September

Gedanken, die wie wundersame Landschaften auftauchen und große Ausblicke gewähren. Tief empfundene Einblicke in fremde und vergessene Welten. Ängste, die sich wie Gebirge auftürmen: Sein lassen.

Immer wieder die Frage: Wer bin ich?

Mich erinnern. Den lebendigen Zusammenhang wiederfinden.

Augenblicke tiefer Ruhe, sorglosen, gedankenlosen Friedens: Dasein.

1. Oktober

Abenteuer Leben. Schönheit. Freude. Dank.

Begegnungen. Verbunden sein. Gemeinsamkeit.

Zauber des alltäglichen Lebens.

2. Oktober

Wirkliche Bildung anstelle des Erwerbs bloßen Wissens.

Hingabe. Lieben. Zu sich kommen im anderen.

Menschwerdung ist Sinn und Ziel, das Geheimnis der Philosophie.

3. Oktober

Die Stille hören.

4. Oktober

Der wissenschaftlich-technische Fortschritt als ein Fortschreiten, Entfernen vom Sinn, vom Leben. Bequemlichkeit als Gefahr und Verlust.

Von der *Idee* zur *Erfahrung.* Sinn, Sein, Menschlichkeit.

Abschied vom Gewohnten.

Treue zum Selbst: Gesetz der Freiheit.

Innen und außen. Geheimnis. Die Welt als *Spiegel* des Selbst.

Dasein spricht *sich* aus.

Alles, was geschieht, ist symbolisch.

Gewissheit der Notwendigkeit der Bewusstwerdung im Grunde. Stufen. Weg zur Freiheit, Ganzheit: *Menschwerdung.*

Mich einlassen. Seinlassen: Er-Lösung vom Ich.

Ganz bei der Sache sein. Hingabe.

Der Sehnsucht folgen. Dem inneren Menschen. Der inneren Stimme.

Wer weiß, wozu all das gut ist?

Wesentlich werden. *Wandlung.* Geheimnis des Glaubens.

Zärtlichkeit. Mitgefühl. Empfinden. Offenheit.

Lebendige Wirklichkeit.

Dem Denken entsprechend leben, handeln.

Menschensinn und Menschensehnsucht.

Bildung: Menschwerdung.

Kommunikation. Kommunion. Gemeinsamkeit.

Wandlung. *Aufgabe* des ICH.

Einheit von Denken und Sein, Geist und Natur.

Das im Denken Erfahrene verantworten.

Entwicklung, Verwirklichung der Idee: *Selbst*verwirklichung.

Vom bloß *Verständlichen* zum Wirklichen, Lebendigen, Vernünftigen.

Sei unbesorgt. Was wesentlich ist, geht nicht verloren.

Das mit Gewissheit Erkannte, Verstandene, Gedachte, Gesehene festhalten: Ewige Wahrheit.
Denken aus dem Ursprung.

13. Oktober

Tiefe Ruhe, Stille. Bei mir sein.
Seinlassen.

14. Oktober

Denken des Seins: Geheimnis.
Geist. Leben.

17. Oktober

Der Geist ist sinnlich: Begegnungen, Austausch. Aufbruch.

18. Oktober

Erwachen aus der Selbstvergessenheit.
Vorläufiges *Denken* und nachfolgende *Erfahrung* unterscheiden.
Anders leben. Nicht lehren, reden über, sondern sein.
Das Tun ist die Lehre.

20. Oktober

Zeit lassen.
Mit Geduld die Welt verwandeln, wissend um den Ab-Grund.

21. Oktober

Die *vorläufige* Gewissheit der Denkerfahrung und die nachfolgende Gewissheit der Erfahrung. Inspiration: *Fliegen*.

25. Oktober

Entfernung vom ICH. Für andre da sein. Dienen. Teilen.
Lieben.

31. Oktober

Unschuld des Werdens.
„Die Zeit als Sieb." (Gerhard Knauss)

4. November

Einfach Mensch sein.
Tiefe Ruhe. Selbstsein.
Das Wollen gründet im Lassen.

6. November

Bei mir sein: in Gott.
Dankbarkeit. Einfachheit.
Das denkende Herz.
Einheit von Denken und Sein.

11 November

Heilige Langsamkeit: Erotischer Wirklichkeitssinn.
Die Menschlichkeit des Menschen: Sinn und Ziel dieser Welt.
Überwältigende Ekstase des Verstehens: Erleuchtung.

14. November

Zauber der Welt.
Es geschieht Wichtiges, Großes.

15. November

Ewige Wiederkehr des Selben: Dialektik.

3. Dezember

Tiefe Ruhe. Geborgensein.
Gegenwart. Da-sein.
Das Leuchten der Sterne in der Nacht…
Ich bin, der ich war und sein werde.
Ich bin, der ich *bin*.
Die Weisheit christlicher Existenz ist tief. Wer ermisst sie? Wer erfasst *sich* in ihr?

16. Dezember

Endlich in die tiefe Ruhe des Wesens gestillt sein.
Dem Anspruch *entsagen*.
Noch immer liebe ich nicht. Nichts, was ich mehr bedauere.

18. Dezember

Freiheit in der Bindung.
Ruhe in der Bewegung.

22. Dezember

Die Angst vor dem Tod ist das Tor zum Leben.
Niemand sein.

27. Dezember

Dem Negativen ins Angesicht schauen.
Ursprünglich werden. Gründlich.
Das vorstellende Denken lassen: Meditation.

1984

3. Januar

Erlösende Tränen. Trauer: Abschied vom Gewohnten.

4. Januar

Ekstase: Himmelfahrt.
Die Auslöschung der Folgen lebenslangen Tuns in der Ekstase:
Vergebung der Sünden.
Wiedergeburt aus Geist und Wasser: Auferstehung.
Einheit von sprechen und sein: Fleischwerdung des Wortes.

9. Januar

Dichterisch denken.
Nicht der Buchstabe, sondern der Geist.

11. Januar

Sprache *schafft* Welt: Logos.
Das Wort, das *im Anfang ist*.
Das zu Denkende in den Worten anderer aufleuchten lassen.
Philosophieren als Weg zum Heil: Menschwerdung.
Sein bei *sich* als bei der *Sache* als bei den *andern*.

12. Januar

Denken des Seins. Augenblicke wie im Traum.

14. Januar

Wiederholung. Rückkehr in den Ursprung: *Anfang.*

16. Januar

Wandlung statt Wissen.
Die Dimension jenseits des nur *Verständlichen.*

26. Januar

Grundzeiten des Lebens: Pflügen, säen, wachsen und reifen lassen, ernten.
„Wo der Schrecken wirklich ist, ist die Heilung sicher."

2. Februar

„Ein Standpunkt ist ein geistiger Horizont mit dem Radius Null." (Wilhelm Risse)
Endlich unendlich sein.

3. Februar

Lebe, was du für wahr hältst und du wirst sehen.
„Die Innenwelt der Außenwelt der Innenwelt"
(Peter Handke)

6. Februar

Wir schlafen und träumen und wissen nicht, was wir tun.
Und keine Sehnsucht kann wirklich werden lassen, was uns nicht zugleich entgegen kommt.

10. Februar

Wissen ist fragen können.

12. Februar

Gedulden. Niemand vermag etwas gegen die Zeit.
Der Mensch, sofern er Mensch ist, wohnt bei Gott.

13. Februar

Die zweite Geburt: Hier und Jetzt. Auferstehung des Leibes. Leben.

14. Februar

Mit einander sprechen: Welt als diese bestimmen, erscheinen lassen. Schöpfung.

16. Februar

Unterwegs sein. Stufen.
Zeichen. Zauber: Ist das Leben nicht wunderbar...

18. Februar

Man muss wissen, was Sprache ist, um sinnvoll von Gott sprechen zu können. Aber man muss auch wissen, was Gott ist, um sinnvoll von der Sprache sprechen zu können.
„Dass Gott auch die Sonne hat machen können, ohne sich die Finger zu verbrennen. Auch das muss man sich vorstellen."
Sprache als Abkürzung einer unendlicher Differenzierung fähigen Wirklichkeit.
Die *Vorläufigkeit* allen Wissens.
Die Einzigkeit alles Seienden.

21. Februar

Die Antwort auf die Frage nach dem Sinn des Lebens ist das *Verschwinden* der Frage.
Das Ritual als *symbolische* Handlung.
Vom Sinn, Sein durchdrungen und getragen: *Ewiges* Leben hier und jetzt.

22. Februar

Schweigen können.

23. Februar

Unendlichkeit, Unergründlichkeit der alltäglichen Welt.

Die Lebensphasen als Orte des Sagens: Geschichtlichkeit, Zeitlichkeit.

26. Februar

Die Notwendigkeit der Entwicklung.
Mit der Philosophie zu *Grunde* gehen.

1. März

Wir gehen durch das Leben blind, rücksichtslos, gefangen im ICH.
Erst in der rückblickenden Erinnerung werden wir wirklich.

2. März

Die Spirale, sich nach oben windende Schlange als Bild der Entwicklung: Aufhebung. Horizonterweiterung. Dialektik.

6. März

Philosophie als Dichtung.
Die Dimension der Tiefe: Erfahrung.
Abschied vom Gewohnten.

9. März

Das Anderssein der anderen, die *im Grunde* dasselbe sind.
Gegenwärtigkeit als Maß.

11. März

Freude, Stille, Einfachheit: Zauber der Kindheit.

14. März

Kunst des Lebens. Kunst des Lesens.
Alles zu seiner Zeit.
Zivilisation im Übergang.

19. März

Das Anziehende, Geheimnisvolle des Weiblichen.
Sehnsucht nach Allverbundenheit: Erdensehnsucht.

Labyrinth des Lebens: Reise zum Mittelpunkt der Welt.
Niemand werden um *endlich* alles zu sein.

26. März

Tiefe Stille. Seinsfülle.
Wissen. Sinn. Sein.

3. April

Das Gewesene, das Gegenwärtige, das Künftige: Weltspiel.

16. April

Wo ICH war soll ES werden.

19. April

Dialektik: Die lebendige Gesetzlichkeit des Seins.
Dasselbe, das ein anderes ist: Stufen der Entwicklung.
Erinnerung. Philosophie als Erforschung der Tiefenlogik des
Lebens.
Die Angst vor dem Tod ist die Angst vor dem Leben.

20. April

Festhalten an dem, was mit Gewissheit erkannt wurde.
Lebendige Wirklichkeit: Jenseits der Bilder.
Der Tod des ICH öffnet den Weg ins Leben.
Selbstwerdung: Erschaffung der Welt.
Gedanken säen.
Die ruhige Tiefe einfacher Klarheit.
Erinnerung: Weg aus der Selbstvergessenheit. Selbstbezug des
Denkens.

21. April

Vereinigung des Männlichen und des Weiblichen: Integration.
Die Schnecke als Symbol: Langsamkeit. Geduld. Das Vermö-
gen, überall zu Hause zu sein.
Mein Wort *sein*. Wirken. Wirklichkeit als bei-sich-sein.

Die Stufen der Bewusstwerdung sind angstvoll, schmerzlich, tränensteil.

„Wo der Schrecken wirklich ist, ist die Heilung sicher."

25. April

Im *Grunde* ist alles da, was an der Oberfläche sich immer wieder entzieht.

Daran festhalten, glauben. Gedulden.

26. April

Kraft, Klarheit. Leben aus der Mitte.

Tränen: Wasser des Lebens.

Der Gotteskomplex: Verlust des Wesens.

2. Mai

Gegensätze bedingen sich wechselseitig, gehen aus einander hervor.

Der Himmel ist auch die *andere* Erde, Licht die erleuchtete Finsternis.

4. Mai

Durch Fragen zu größerer Klarheit verhelfen: Was meinst du, wenn du so sagst?

5. Mai

Freude am Spiel.

Wie tief das Staunen sein kann: dass der Mensch geboren wird, eine Weile lebt und vergeht.

6. Mai

„Mit den Philosophen ist es wie mit einer Hausfrau. Das eigene Leben chaotisch, aber der Haushalt in Ordnung."

7. Mai

ES gibt.

10. Mai

Austausch. Wechselwirklichkeit.
Wissen ist lernen können.

13. Mai

Dem Ruf des Lebens folgen. Gewissheit der Bestimmung.
Dem Anspruch entsagen. Werkzeug sein.
Niemand werden um *endlich* alles zu sein.
Das Lebendige fühlen, empfinden: Das denkende Herz.
Tiefblau: Die Farbe des Wesens, der ruhigen Fülle.

19. Mai

„Die Angst verrückt zu werden, kann die verrückteste Art sein,
verrückt zu sein." (Norman O. Brown)

21. Mai

Es gibt keinen anderen Weg vorwärts, als zurück zu gehen.
Rückkehr in den Ursprung.

2. Juni

Alles Selbstverständliche ist ein tiefes Rätsel und Geheimnis.
Das Ganze ist das Wahre. Die Notwendigkeit des ganzen Weges.

6. Juni

Es ist unsere *Aufgabe* zu Grunde zu gehen.
Geduld und Demut.
ES geschieht.

10. Juni

Im Grunde ist die Welt heil.
In der Tiefe ist Halt und Führung.

26. Juni

„Die Überwindung des Bösen ist nicht seine Abschaffung,
sondern die Anerkennung seiner Notwendigkeit." (Martin
Heidegger)

Wo ICH war soll ES werden.

Die ungeweinten Tränen der Vergangenheit.
Die Liebe als Maß.

Mensch unter Menschen.
Das *Einfache* als das Höchste, aber auch das Schwierigste.

Die Sprache der Träume ist oft erstaunlich einfach und dennoch für den Träumer schwer zu verstehen.

Die Musik im Hintergrund, im Ursprung großer Dichtung.

„Der Geist heilt die Wunden, die er sich selber schlägt." (G.W.F. Hegel)

Dem Alter, der Lebensphase entsprechend leben.

Sprache ist der Weg zum Sein.
Politische Aktion ist wirklich und sinnvoll nur in dem Maße, in dem wir lebendig sind.
Immer zu bedenken: Es gibt nur Menschen. Und: Es gibt den Menschen zumeist noch nicht.

Nicht lieben können ist Sünde.

Der Weg zu den Quellen ist wenigen nur erlaubt.

Nicht ICH bin das Subjekt meiner Geschichte. ES hat gehandelt und geführt.

4. August

Verzicht auf Unwesentliches, der Innigkeit, Lebendigkeit, Fülle wegen.
Schöpferische Einsamkeit.

5. August

Die Leere, das Dunkel, das Chaos: Vor der Erschaffung der Welt.
Alles hat seinen Grund.

6. August

Dem Körper seine Heiligkeit zurückgeben.

8. August

Zeit: Das wunderlichste, unbegreiflichste Geheimnis.
„Um aus einer Sackgasse heraus zu kommen, muss man den Mut haben, sie zu Ende zu gehen." (J.P. Sartre)
Der Wahnsinn der Normalität.

9. August

Descartes als Er-Finder der Welt, Überwinder des Weltbildes.
Abschied vom Gewohnten.
Das ewige Spiel des Geistes: Weltspiel.
Der Weg erst lässt wirklich werden, was ist.

10. August

Rollen, die wir spielen statt zu sein: *Bühne* der Welt.
Ich bin nur, der ich *bin*.

11. August

Vom *Vorstellen* zum *Andenken* an das *Sein*.
Zurück finden in die Nähe des Nächsten. Bezug. Innigkeit. Die Göttlichkeit der Welt.

Zufall. Fügung.
Eine andere Sichtweise, in der alles gut ist.
Licht.

27. August

Das Strömen des Seins, das die Gedanken, Worte belebt und mit allem verbindet.
Gotteskindschaft: Vom Sein durchströmt und getragen.
Lebendigkeit. Freude. Dank.

29. August

„Ich wurde Philosoph, um Mensch zu werden. Aber man muss erst Mensch geworden sein, um Philosoph werden zu können." (Peter Wust)
De-Mut.: „Der Eigensinn muss sich beugen und schwinden." (Martin Heidegger)
Gebet als Haltung des seiner Nichtigkeit, seines Unvermögens zum Wesentlichen inne werdenden Ichs.

30. August

Einheit von Lieben und Erkennen.

31. August

Die unendliche Psychoanalyse: Das Leben des Geistes.
Die begriffene Religion ist tiefer als die Psychoanalyse Freuds.

2. September

Das von allem Werden, allem Geschehen unberührte Ich im Grunde, das war und ist und sein wird.

5. Oktober

Fülle und Leere. Nähe und Ferne. Wirklichkeit und Traum. *Beides* ist Leben.

9. Oktober

Der Blindheit der Oberfläche bewusst bleiben.

„Die tiefste philosophische Einsicht kann gerade anderes erfordern als philosophieren." (Peter Wust)

19. Oktober

Stufen der Entwicklung. Zurücknahme der Projektionen als *Aufgabe* des Einzelnen wie der Menschheit.

23. Oktober

Der Tiefblick: Unbedingtes grenzenloses Mitgefühl.

27. Oktober

Es gibt keine endgültige, eindeutige Wahrheit, die sich aussprechen lässt.

11. November

Die Seele muss lernen, dass der Geist ihre Wahrheit spricht. Der Geist aber muss lernen, dass die Seele seine Wahrheit ist. Geist, Seele, Natur: Dreieinigkeit. Geheimnis.

22. November

Das Rätselhafteste: Das Sein des Seienden.

24. November

Die Geschichtlichkeit, Selbstbezüglichkeit des Geistes.
Sich erinnern als unendliche Aufgabe.
Ab-Grund des Seins.

29. November

Atem des Lebens. Tiefe Stille. Ruhe des gegenwärtig Seins. Wirklichkeit der Welt.
Hingabe an die Arbeit. Eingehen in das Werk.

1. Dezember

Gibt es nicht schon zu viele Bücher? Ist alles Wesentliche nicht längst gesagt? - Gewiss. Doch muss das dichterische Wort sich erfüllen.

6. Dezember

Die Notwendigkeit der Arbeit, der Vermittlung.
Das *Werden* der Wahrheit in der Hingabe: Liebe.

8. Dezember

Nicht nur was, sondern *wie* du es tust, bedenke.
„Der Baum, der in den Himmel reichen will, muss mit den Wurzeln in die Tiefe wachsen." (Friedrich Nietzsche)

12. Dezember

Sich mit den Augen der anderen sehen.

18. Dezember

Das Wollen gründet im Lassen: *„Dein Wille geschehe."*
Gebet. Andacht. Geduld und De-Mut.

21. Dezember

Stille Freude, Dankbarkeit: Das scheue Glück wiedergefunde-ner Ruhe, Nähe, Menschlichkeit. Das wiedergefundene Gött-liche: Liebe.

24. Dezember

Die Andersheit der andern wahrnehmen: Dimension des Selbstseins.
„Wer mir nahe ist, ist nahe dem Feuer." (Thomas Evangelium)

26. Dezember

Freude des interessegeleiteten leidenschaftlichen philosophi-schen Arbeitens. Leben des Geistes.

1985

1. Januar

Liebe ist lauter Feuer: „Nicht ich bin es, sondern Christus in mir." (Paulus)

„Aus Feuer muss Erde werden." - Notwendigkeit philosophischer Arbeit.
„Mein Joch ist leicht und meine Bürde sanft." (Jesus)

7. Januar

Das heilige Wagnis.
„Die Uhr hast du gefunden, aber der Schlüssel liegt noch unten."

16. Januar

Gefühl der Verjüngung. „Wenn ihr nicht werdet wie die Kinder." (Jesus)
Erwachen. Erwachsen.

20. Januar

Philosophie als Weg, Methode: Logos.

21. Januar

„Die Kirche muss sich wandeln, wenn sie noch Menschen ansprechen will. In diesem Theater geht der eigentliche Gehalt verloren."

28. Januar

Die Schwebe geduldig ertragen: Von der *Idee* zur *Erfahrung*.
Unterwegs zur Fülle, Nähe, Ruhe. Bezug des Seins.
„Der Rest ist Schweigen." (F. Nietzsche)

31. Januar

Welt als ständig sich wandelnde, zu bestimmende Unbestimmtheit: Schöpfung.
„Dass der selbstbewusste Geist Herr über alle Wirklichkeit ist und sie abwerfen und ungeschehen machen kann."
(G.W.F. Hegel)

1. Februar

Entwicklung, Differenzierung des Bewusstseins als Zurücknahme von Projektionen.
Lebendige Wechselwirklichkeit. Dialog. Vermittlung.

Erst wenn das Innere in die Rede tritt, wird Welt wirklich.
Liebe als Grund der Erkenntnis.

2. Februar

„Versunken in der Nacht des Selbstbewusstseins."
(G.W.F. Hegel)
Festhalten an der Erfahrung der Nähe, Verbundenheit im Grunde. Gelassenheit.
Oberfläche und Tiefe. Nicht bloßen Wörtern glauben. Größe ist nur im Sein.
Substanz. *Sein*. Wirkende Kraft, Mächtigkeit des Geistes.
Die unendliche Fülle der Sprache, die sich dem Tiefblick offenbart.

3. Februar

Das Gewöhnliche und das Außergewöhnliche.
Idee und Ereignis: Geschehende Unmittelbarkeit.

4. Februar

Die immer wiederkehrende Leere, den Entzug allen Seins und Grundes ertragen: „Ölbergstunden meines Lebens." (Martin Heidegger)
„Auch das Unwirkliche ist wirklich."
„Keiner entrinnt der Entfernung. Auch Schweigen ist ihr Maß. Sie anerkennen, nicht leugnen bewahrt."
Gott: Das Sein im Grunde, in uns: „Dass wir nicht leben, sondern gelebt werden."
Das Wollen gründet im Lassen: „Dein Wille geschehe."
Der Weg ins Sein ist notwendig abgründig.
Entbergendes Vorgehen: Wissenschaft vom Sein.
Wunderwelt der Über-Sinnlichkeit: „Auch die Sexualität ist symbolisch."

10. Februar

Das Wahr-Sein ist eine stille Macht. – „Der Rest ist Schweigen." (F. Nietzsche)
Alle Realität ist Selbstbewusstsein.

Die wirkliche Lehre ist der Alltag: Was man tut, wer man ist.
Die Nacht als Vorbereitung des kommenden Tages.
Den Vorstellungen des primitiven Bewusstseins entspricht eine
Wirklichkeit im Grunde des Seins.
Anfang bleibt Zukunft.

17. Februar

Die wahre Antwort auf philosophische Fragen: ICH weiß ES
nicht.
Angst ist Unwissenheit.

23. Februar

Ein Stern in der Nacht, der alle anderen überstrahlt.

24. Februar

Die Wahrheit ist der schwerste und gefährlichste Weg.

25. Februar

Sich selbst im Denken voraus sein. Der gegenwärtigen Zeit
voraus sein.

26. Februar

Das Wort als Grabmal des Geistes.
Alles Sprechen ist symbolisch.

27. Februar

Das Gedicht als Verbindung von Bewusstem und Unbewusstem.

Der Ausgang aus dem magischen Theater, der Ariadnefaden,
der aus dem Labyrinth führt: Die Andersheit der anderen sehen, in die Nähe bringen, ihre Geschichte, Bedingtheit sehen
und verstehen.
Lieben heißt: Geben wollen, geben können. Verzicht auf Ansprüche.
Die wahre Bedeutung: Das lebendige, fleischgewordene Wort.
Die Notwendigkeit der Arbeit für die Verwirklichung des
Selbst, der Freiheit: Hingabe.

„Der Zorn schneidet ins offene Herz."
Denken: Die bisher gewonnenen Erkenntnisse zusammenfügen.
Erkennen, urteilen: Dasselbe, das ein anderes ist.
Stufen der Bedeutung.
Jede Faszination, jedes Aufmerken ein verborgener Sinn.
Im Anderen das Eigene erkennen. Zurücknahme der Projektionen.
Sprache ist immer symbolisch und lässt eine ursprünglichere Bedeutung aufscheinen.

1. März

Mystische Erfahrung: Ich bin das Wort.
Das Ich ist Täuschung.
Wiederholung des Vergangenen. Erlösung der Seele. Löschen der Konditionierung.
Erlösung des Geistes aus den Fesseln des bloßen Verstandes.
Das Wollen gründet im Lassen.
Welt als das immer erst noch zu bestimmende Seiend-Sein.
Der sich Aussprechende schafft Welt: Schöpfung.

3. März

Eintauchen in die Welt geistiger Erkenntnisse: Fliegen.
Die lebendigen Einsichten festhalten, sammeln.
Unterscheidung zwischen alltäglichem, empirischem und transzendentalem Ich.

6. März

„Sich ohne Ansehen der Person nach allen Richtungen verschenken wie der Wind."
Austausch. Kommunikation. Lebendige Wechselwirkung.
Kommunion. Verbundenheit.
Sprechen als Berührung. Die Wirklichkeit des Blickes.
„Lieber ein Licht anzünden, als über die Dunkelheit klagen."
(Konfuzius)

28. März

Sprache als Haus des Seins. Sprachlosigkeit ist Bezuglosigkeit.

„Immer nur für Augenblicke wird das Seiende in seinem Sein fassbar, nicht auf Dauer."

31. März

Der Geist ist die Wahrheit der Materie.
Doch fällt es schwer, selbst das zu glauben, was man mit eigenen Augen sieht.
Festhalten am Weg, der Methode: Wiederholung.
Wer ist es, der staunend und mit Befremden seinen früheren Gestaltungen begegnet?
„Ich ist ein anderer." (Rimbaud)

2. April

Die Abhängigkeit dessen, was ist, vom beobachtenden Geist, Subjekt: Stufen.

3. April

Der Mensch wird, was er denkt.

6. April

Jeder ist der Spiegel des anderen, jeder ein Spiegel der Welt. Jedem die Welt ein Spiegel.

8. April

Dasein spricht *sich* aus.
Intersubjektivität ist Illusion.

9. April

Ein Satz, der das, was ist, einmal im Denken des Seins gefasst hat, kann immer wieder neue Bedeutungen hervor scheinen lassen. Die Welt- und Wirklichkeit schöpfende Macht des Geistes. Denken des Seins: Das Sein ist ES, das denkt und das gedacht wird.
„Im Anfang war das Wort und das Wort war bei Gott und Gott war das Wort." (Johannesevangelium)
Der Buchstabe ist das Grabmal des Geistes.
Seinsbezug. Glasperlenspiele.

12. April

Welt als Projektion des Ich.

Zurücknahme. Seinlassen. Die Andersheit der andern hervor-
treten lassen. In die Nähe gehen.

„Sein bei sich als bei der Sache als bei dem anderen."

Der Körper ist der Tempel des Geistes.

Nicht die Idee, sondern das Wissen, das ich bin: Realisieren.

Innere Wärme als Begleiterscheinung des Prozesses der Bewusstwerdung.

„Denen, die das Symbol haben, fällt der Übergang leicht."

Sinn und Sinnlichkeit. Zeit und Ewigkeit. Erde und Himmel.

„Bleib der Erde treu." (Friedrich Nietzsche)

13. April

„Sage nicht alles, was du weißt, aber wisse immer, was du
sagst."

Glaube als Festhalten an dem in der Tiefe als wirklich und
wahr erlebten. Einsatz des Lebens. Begründung der eigenen
Geschichte, des inneren Zusammenhanges. Weg ins Sein.

„Dass der selbstbewusste Geist Herr über alle Wirklichkeit ist
und sie abwerfen und ungeschehen machen kann." (G. W. F.
Hegel)

Ge-dulden. „Denn es hasset der sinnende Gott unzeitiges
Wachstum." (Hölderlin)

14. April

„Und *führe* uns in Versuchung."

Das Werden des Selbst, das sein Ziel im Anfang voraussetzt
und dieses im Ende erst erreicht.

Das Selbst, das auf allen Stufen seines Werdens in allen im
Grunde, im Kern dasselbe ist und bleibt: Reines Selbstbewusstsein, Leere.

Hingabe an die anderen, das Werk, die Arbeit, durch die ich
mich zurück erhalte.

Zufälle. Fügungen. Überraschende Erfüllung von Wünschen.

Sprache ist symbolisch, dann wirklich und als wirkliche wieder
symbolisch.

„Wir sehen jetzt durch einen Spiegel ein dunkles Bild." (Paulus)
Das unbegreiflich Bedrängende, Ergreifende, Erregende fassen, ausdrücken müssen: Ursprung der Sprache, deren Wesen dichterisch ist.
„Die Innenwelt der Außenwelt der Innenwelt." (Peter Handke)
Der Grund allen Sagens ist das verborgene Künftige: Logos.
„Es gibt keinen Spiegel, den es rein zu halten gilt." (Huineng)
Seinlassen als höchstes Wollen.

16. April

Es gibt keine Lehre, die in Worte gefasst werden kann.
Das Werk leben.
Ewige Wiederkehr, Wiederholung, Aufhebung: Dasselbe, das ein anderes ist.

17. April

Die unsichtbaren Zusammenhänge im Grunde: Weltspiel.
Alles, was geschieht, ist symbolisch.
Der so Denkende und Handelnde wird zum Priester des neuen Christentums.
Nicht nur was, sondern wie du es tust, ist entscheidend.
Musik als Ausdruck des Unaussprechlichen, Annäherung an den unermesslichen Klang, Ton, die Stimme Gottes.
Träumen, während wir wachen. Wachen, während wir träumen.
Biografie, Leben als Traum-Text. Übersetzen. Über-Setzen.

24. April

Sprach-Bilder erkennen und verstehen.

1. Mai

Das Ungeheure der technischen Revolution begreifen, mit der die Entwicklung des Menschen nicht mithält: Abschied vom Gewohnten.

8. Mai

Identität von Freiheit und Notwendigkeit.

10. Mai

Vor-Läufigkeit als Wesen der Metaphysik.

Den Geist der Liebe üben: „Sich nach allen Seiten verschenken ohne Ansehen der Person."

19. Mai

Weitergehen. Es gibt keinen Weg zurück hinter das mit Gewissheit einleuchtend klar Erkannte.

29. Mai

Wahrnehmung des Raumes: Nähe und Ferne. Auch die Sterne können nah sein.

Das Alltägliche tun, unbeirrt.

Für Nietzsche gab es 1888 keinen Zufall mehr. Alles fügte sich in eins, sein Leben schien ihm märchenhaft.

31. Mai

Die Innenseite der Naturwissenschaft und Technik als verborgene Möglichkeit des Menschen. Wissenschaft vom Sein.

1. Juni

Rückbindung. Religion. Der in seinem Denken sein Leben einsetzende Mensch.

2. Juni

Die Welt und Leben verändernde Tiefendimension des Sprechens: „Ich bin das Wort." Ereignis der Liebe.

3. Juni

Geschwindigkeit, Zeit und Entfernung hängen vom wahrnehmenden Bewusstsein ab.

Das Ungeheure der Naturwissenschaft und Technik. Notwendigkeit des Abschieds vom Gewohnten, des Rückgangs in den Ursprung.

Symptome als Sprach-Bilder.

Gelassenheit. Bezug zu Dingen und Menschen. Zeit. Sein.
Alles ist mit allem verbunden. Alles ist bedeutsam, symbolisch.

16. Juni

Ich bin, der ich war. Ich bin, der ich sein werde. Ich bin, der
ich bin.
Was ist Zeit?
Natur und Naturwissenschaft als Spiegel verborgener Möglichkeiten des Menschen. Wie Metaphysik und Theologie: Dasein
spricht *sich* aus.

19. Juni

Bewusstsein ist das Licht, das sich entwickelt und erkennt,
indem es sich projiziert und dadurch Welt erschafft, entbirgt,
erkennt.

21. Juni

Welt als Zusammenhang eines selbstbezüglichen Bewusstseins.
Der in seinem Denken sein Leben einsetzende Mensch.
Gott im Menschen: Logos.

24. Juni

Das reine Selbstbewusstsein im Grunde, das von allem Wer-
den, aller Entwicklung unberührt bleibt.
Astronomie und Kosmologie als Spiegel des Menschen.
„Die Ameise ist der unbewusste Mensch." (Jean-Luc Godard)

29. Juni

Der Geist ist verkörpert.

30. Juni

Das Weibliche, durch das Gott Mensch wird: Maria.
In der Ewigkeit ist alles zugleich: Vergangenheit, Gegenwart,
Zukunft.
Ewigkeit als eine mögliche Seinsweise der Seele, des Menschen.

Die Innenseite aller Philosophie, Theologie und Wissenschaft ist die eigentliche Anthropologie.

„Die Wunden des Geistes heilen, ohne dass Narben bleiben."
(G. W. F. Hegel)

Geist als Erfahrung außerordentlicher lebendiger inniger Wirklichkeit, Mächtigkeit der Seele. Nicht-Ich. Liebe. Fülle. Geheimnis.

17. Juli

Immer wieder die Frage nach dem Grund des Handelns, der Ideen, Motivation.

Der Ariadne-Faden, das rettende Prinzip: Die Andersheit der andern.

Lösung aus scheinbarer Vertrautheit, Selbstverständlichkeit. Abschied vom Gewohnten.

18. Juli

Wünsche, die von *selbst* in Erfüllung gehen.

20. Juli

Von anderen nicht gesehen, gehört, beachtet werden. Unsichtbar werden.

22. Juli

Den inneren Menschen, das Zwischenmenschliche sehen. Die Realität der Gedanken, Gefühle, Absichten.

27. Juli

„Es geschieht nur das Notwendige."

29. Juli

„Denn jeder trägt diesen Keim in sich und aller Unterschied beruht einzig darin, ob er entwickelt wird oder nicht."
Liebe ist Arbeit.

31. Juli

Die Tiefenpsychologie ist das Eingangstor zur Philosophie.

7. August

„Wo der Schrecken wirklich ist, ist die Heilung sicher."
Vom bloßen Wissen zur gelebten Wahrheit.

9. August

Vernunft als Möglichkeit des Menschen, vernünftig, das heißt
Mensch zu werden.
Annäherung an den Sinn.
Das Denken vom Dichten her üben.

10. August

Unsterblichkeit: existenzielle Gewissheit des von allem Werden
unberührten Ich im Grunde, das, in allen gleich, schon immer
war und ist und sein wird, was es ist.

13. August

Verstehen ist Handeln, Verändern.

1. September

Natur, Welt als Spiegel, Symbol: Wesen der Dichtung.

18. September

Lösung aus der Verstrickung ins Denken, das den Horizont
der Welt bildet.
Offene Weite.

23. September

Der Zufall, die Fügung, immer wieder dem zu begegnen, was
Not tut: Zur rechten Zeit am rechten Ort. Notwendigkeit.
Grund. Führung.

2. Oktober

Philosophie als Grundlegung, Eröffnung neuer Zugangs- und
Betrachtungsweisen.
„Die Ideen stehen wie Sterne am Himmel, die dem Menschen
den Weg zeigen." (Wilhelm Dilthey)

21. Oktober

Den gefundenen Einsichten, Regeln entsprechend denken, handeln. Einheit von Theorie und Praxis.

3. November

Dichterisch denken.

24. November

Wissen als Weg der Erinnerung. Bestimmung, Veränderung, Schöpfung von Welt durch das Denken, die Ideen: Grundeinsichten Platons.

25. November

Sich während des Träumens bewusst werden, zu träumen. Erwachen in eine andere Dimension der Wirklichkeit.
Dasselbe Erleben ist auch im Alltag möglich.
„Aus dem Wirklichkeitstraum durch Ungewissheit und Wagnis in den Wirklichkeitsraum der Geborgenheit in Gott."
(Peter Wust)

27. November

Kausalität und die Frage nach möglichen Zusammenhängen, dem Zusammenfall von Ereignissen. Die Frage nach dem Grund, den Gründen.
Auch, wenn Ereignisse, die zeitlich zusammenfallen, voneinander unabhängige Ursachen haben, kann dies wie Fügung erscheinen: Weltspiel.
Solange die Geschichte nicht zu Ende ist, bleibt die Bedeutung der Ereignisse offen.
Dem das ICH nicht mehr das Wichtigste und Nächste ist, öffnet sich der Blick in die Tiefe und Weite der unergründlichen Schönheit des Weltspiels.

5. Dezember

Das Wollen gründet im Lassen.

6. Dezember

Vergeistigung als außerkörperliche Seinsweise. Überschreiten des im alltäglichen Körperempfinden befangenen Ichs. Zunahme an Freiheit, Lebendigkeit. Dematerialisierung. Flug.

12. Dezember

Achtsamkeit auf den Sprachgebrauch. Die Sprache spricht.

14. Dezember

„Ich bin nicht ich, sondern ein Werkzeug in der Hand Gottes."

1986

2. Januar

„Tun ist etwas anderes als Denken."
Aber Denken ist auch ein Handeln.

5. Januar

Welt als Zusammenhang, der ich bin.
Glaube als Wesen der Erkenntnis.

6. Januar

Metaphysik als immer nur vorläufige Projektion existenziell einzuholender Möglichkeiten des Menschseins.

11. Januar

„Auch du bist nur ein Mensch."

17. Januar

Das Gewisse muss wirklich werden: Fleischwerdung des Wortes.

21. Januar

„Der Mensch stirbt an der Gewohnheit des Lebens."
(G. W. F. Hegel)

26. Januar

Der Mensch wird, was er denkt. Der Mensch wird, was er dichtet.

Die Zeit ist der Grund, das Sein der Ideen, das Subjekt des Denkens.

9. Februar

Aus der Aktualisierung, Verlebendigung, Wiederholung des Gewesenen geht der Sinn immer wieder anders, neu hervor: Ewige Wiederkehr. Dialektik.

10. Februar

Im Traum zu stellende Fragen: Wer bin ich? Wo bin ich? Wo komme ich her? Wo gehe ich hin? Was will ich hier? Wer sind die andern?

11. Februar

Die Illusion der Zeit im Traum, dessen Wirklichkeit mit dem Erwachen schwindet.
Ewiges Leben, ewige Ruhe als ausgezeichnete Weise des Seins. Ein Tag vergeht wie ein ganzes Leben, ein ganzes Leben wie ein Tag.
Die Wiederholung des Gewesenen als Möglichkeit der Erneuerung, Verjüngung: Das Wesen des Todes.

14. Februar

„Diese Macht ist er nur, indem er dem Negativen ins Angesicht schaut, bei ihm verweilt. Dieses Verweilen ist die Zauberkraft, die es in das Sein verkehrt." (G. W. F. Hegel)

16 Februar

Den Umständen entsprechend handeln. Höchste Seinsweise.

24. Februar

Verstehen: Denken nach Regeln, die aus der Erfahrung gewonnen werden.
Alles ist bedeutsam: Logik der Symbolik.

26. Februar

Die einzelnen, unablässig denkenden und empfindenden Menschen in ihren Bezügen, ihrem in der Welt Sein sehen.

6. April

Die Macht des Denkens, des Geistes, der das Seiende in seinem Sein bestimmt. Welt als ständige Schöpfung.

15. April

Ein Augenblick der Bejahung des Lebens, des tiefen einverstanden Seins rechtfertigt die ganze Geschichte. Einsicht in die Notwendigkeit.

8. Mai

Glaube als Festhalten an dem mit Gewissheit Erkannten. Treue zu sich selbst. Realisierung der Idee.
Der Weg entsteht im Gehen.

13. Mai

Das immer erneute Erschrecken über die Differenz von Wort und Tat, Sagen und Sein.

17. Mai

„Die Kirche muss geistig erneuert werden."

28. Mai

Die Wirklichkeit der Gedanken. Woher sie kommen und was sie bewirken.

29. Mai

Die Unwirklichkeit der Zeit.

1. Juni

Einheit von Denken und Sein: Denkerfahrung.
Den Anspruch hören: Vernehmen und folgen.
Realisierung der Idee. Einheit von Theorie und Praxis.

2. Juni

Der Zusammenhang von Geschichtlichkeit und Intentionalität: Seinsbezug.

4. Juni

Stufen der Entwicklung. Durchbruch aus dem Subjektiven ins Allgemeine, Offene, Weite. Einheit von Selbst und Welt. Wirklichkeit. Schöpfung.

12. Juni

Die Schlangenkraft. Unsterblichkeit und Freiheit.

24. Juni

Die Vorläufigkeit allen Sinns.
Weg des Lichts.
„Im Tode ward das ewige Leben kund. Du bist der Tod und machst uns erst gesund." (Novalis)
Sinn: Not-Wendigkeit, Zu-Fall.

2. Juli

Ewige Wiederkehr: Dialektik.

4. Juli

Jenseits des Denkens, der Sorge, der Bilder: Die Welt, wie sie ist. Sein. Hier und jetzt.

5. Juli

Der aufleuchtende lebendige Sinn beim Lesen spiegelt die verborgene Wesentlichkeit und Zukünftigkeit des Lesers.

6. Juli

„Keiner versteht, es sei denn die Frau."

8. November

Die Zukünftigkeit dessen, was scheinbar längst gewesen ist.
Nicht-Denken. Warten auf Licht.

11. Dezember

Am klar und deutlich Erkannten festhalten: Der Glaube am Grund der Schöpfung. Die Bedeutung des Lichts.
Die Symbolik der zur Sonne aufsteigenden Schlange: Kundalini.

19. Dezember

Übergang des Denkens ins Sein, der Idee ins Leben. Erleuchtung, Befreiung. Endlich wirklich. Satori.

1987

9. Januar

Symbolbewusstsein. Fliegen. Stufen der Freiheit.

10. Januar

Die Zeitlichkeit der Sprache, deren Sinn zukünftig sein kann.
Die Zeit als das eigentliche Subjekt.

16. Januar

Augenblicke, in denen Welt ist: Als wäre ICH nicht.

29. Januar

Metaphysik: Vorläufigkeit der mit Gewissheit gedachten Ideen, deren symbolische Bedeutung sich mit der Zeit entwickelt, realisiert.
Menschwerdung ist das Geheimnis der Philosophie.

14. Februar

Das Geschehen als Entwicklung des Anfänglichen.
„Im Anfang war das Wort." (Johannesevangelium)

18. Februar

Das Zukünftige ist gewesen. Das Gewesene wird sein. Das Gegenwärtige aber ist ewig.
„Es gibt einen ganz genauen Augenblick, in welchem man seinem Werk Geltung verschaffen muss. Ist dieser Augenblick

vorbei, wird die Sache beinahe unmöglich und es wird sich das mehr oder weniger ähnliche Werk eines anderen durchsetzen." (M. Eliade)

22. Februar

„Unterwegs zum Licht."

26. Februar

„Ihr fragt, wie es wirklich gewesen ist. Verzeiht. Ich kann nur eine andere Geschichte erfinden."

11. März

Jeder ist mit allem und allen verbunden, auf alles bezogen: Intentionalität. Seinsbezug.
Wirklichkeit, Macht des Denkens, der Meditation, des Gebets.

15. März

Wahrheit: Symbolbewusstsein.
„Dasein spricht sich aus." (Martin Heidegger)

17. März

Vom Ich zum Dasein. Getragen vom Strom des Seins, der Zeit.
Atembewusstsein. Seinsbezug. Hier und jetzt.
Gelassenheit. Offene Weite.

21. März

Nietzsche entdeckte die Logik der Symbolik in der Wiederholung seiner Lebensgeschichte und verstand die Bedeutung des Anfänglichen: Schicksal und Poesie.
Ewige Wiederkehr. Philosophie der Menschwerdung.

25. März

Der Tod als Übergang: Wandlung.

1. April

Sich während des Träumens an frühere Träume, Traumfigu-

ren und Traumereignisse erinnern. Kontinuität des Traumbe-
wusstseins.

2. April

Lebendiges Interesse, Sinn: Führung, Zeichen.

7. April

Sprach-Bilder verstehen – wie im Traum. Die Sprache spricht
jenseits der Bilder. Das Leben ein Traumtext.

2. Mai

Die Aufgabe: Versöhnung der christlichen Erfahrung mit dem
östlichen Denken.

10. Mai

Es ist möglich, einem anderen in der Berührung Sein zu über-
tragen.
Was ist Sein?
Welt-Spiegel-Spiel.
Logik: Denken des Seins. Er-Findung der Welt. Schöpfung.

11. Mai

„Schreiben Sie weiter. Ich danke Ihnen!" (José Sánchez)

17. Mai

Bühne der Welt.
Die Andersheit der andern sehen.

21. Mai

Man kann träumen, erwacht zu sein. Man kann im Traum erwa-
chen. Man kann aus dem Traum erwachen.
Stufen des Erwachens.
Sinn: Weltspiel.
Leer werden. Niemand. Nichts. Der Gott im Menschen.
„Bevor wir Menschen waren, hörten wir Musik."
(Friedrich Hebbel)

22. Mai

Wahrheit der Metaphysik: Vorläufigkeit. Anthropologische Bedeutung. Stufen der Menschwerdung.

Metaphysische Sätze sind symbolisch zu verstehen, dann aber buchstäblich und als buchstäbliche wieder symbolisch.

Licht ist Licht in der Dunkelheit. Verklärte Nacht.

Die Universität als Alma Mater. Vater Staat. Die Welt als Kinderzimmer.

Abschied vom Gewohnten.

Dichterisch sein. Weg über dem Ab-Grund.

23. Mai

„Wie herrlich und gut ist mein gegenwärtiges Verstehen. Meine willkürlichen Gedanken sind alle verschwunden. Den ganzen Tag verbleibe ich ohne Stimme in der Stille. Unterbrechungslos konzentriere ich meine Gedanken. In meinem Geiste ist etwas so glänzend wie Glas." (Mahayana Buddhismus)

24. Mai

Strom des Lebens. Tor zum ewigen Leben: Mystische Anthropologie

„Geliebte, Schwester meiner Seele. Ich bin erst, seit du bist und du bist erst, seit ich bin."

Mein Wort sein.

6. Juni

Der Leib als Spiegelbild der Seele. Der Geist ist verkörpert.

9. Juni

Die Schönheit des Alltäglichen.

13. Juni

Geschichte als sukzessive Entfaltung des urvordenklichen Sinns.

Die entmystifizierende Aufklärung des Geheimnisvollen führt zur Entdeckung neuer Geheimnisse: Aufhebung. Vorläufigkeit der Vernunft.

Das sich im Entbergen von Welt entziehende, verbergende Geheimnis des Seins.

Individuation als Prinzip der Schöpfung: Menschwerdung.
Einheit von Gott, Mensch, Welt.
Der notwendige projektive, *sich* entwerfende, *vorläufige* Charakter der Metaphysik.
Dichterisch denken. Symbolbewusstsein.

Geschichte als Fügung: Weltspiel.

„Denn das Erreichen des Ziels ist nicht das Ende des Weges, sondern das Finden seiner ewigen Mitte." (Martin Heidegger)

Ich bin nur, soweit ICH nicht ist. Der Gott im Menschen. Schöpferische Mitte.
„Deine Freiheit ist die Freiheit der andern."

Musik als nicht-sprachliche Ausdrucksform und Denkweise.

Das vom Sein ereignete Denken: Flug.

Gott, der die Welt erschaffen muss, um sich selbst zu erkennen: Die Notwendigkeit schöpferischer Gestaltung als Weg der Selbsterkenntnis, des Werdens zu sich.

Freiheit. Traumbewusstsein. Verantwortung: Einsatz des Lebens.

4. August

Der inneren Stimme, Eingebung folgen.

5. August

Die frühen Gedichte als Schöpfungen des Unbewussten: Vorwegnahme wesentlicher Inhalte des Lebens und Denkens.

17. August

Weltschöpfung als Selbstwerdung. Realisierung der Idee. Fleischwerdung des Wortes. Weg der Befreiung.

18. August

Leben als Text, voll offensichtlicher und doch unverstandener Bedeutung - wie im Traum.

27. August

„Die Wiederholung ist das Interesse der Metaphysik." (Søren Kierkegaard)

28. November

Den Widerspruch, die Differenz zwischen Wort und Tat, Sagen und Sein erkennen und aushalten. Sturz in den Abgrund des Seins.
Eros: Inspiration, Funke, Antrieb. Die Sehnsucht nach dem Ursprung.

30. November

„Den Lehrer kann und mag ich nicht begreifen… Vielmehr will er, dass wir den eigenen Weg verfolgen." (Novalis)

8. Dezember

Morgenzeit. Mittagszeit. Abendzeit: Grundzeiten des Tages wie des Lebens.

13. Dezember

Erinnerung an frühere Träume während des Träumens: Kontinuität des Traumlebens.

14. Dezember

Sich im Traum eines Traumes bewusst werden und ihn aufschreiben.

„Der Sündenfall ist ein Fall in die Sprache."

15. Dezember

Wissen ist Sein. Sein ist Wissen.

26. Dezember

Zusammenhänge, Entwicklungen im Leben und Werk sehen und aufzeigen: Wirkliche lebendige Geisteswissenschaft.
Welt-Traum-Spiel.

28. Dezember

Die tonlose Stimme des inneren Lichts: Führung.

1988

2. Januar

„Das Licht leuchtet auf und erhellt die Zeichen."
Jemandem im Traum erzählen, was man einige Nächte zuvor wirklich von ihm geträumt hat.

6. Januar

Die Natur ist der unbewusste Geist. Einheit von Geist und Natur. Bilder.
Die Naturwissenschaft von heute ist die Anthropologie von morgen.
Unter der Geschichte liegt der Mythos.

13. Januar

„Je höher die zu lernende Wahrheit ist, umso schmerzlicher muss die Not sein." (Martin Heidegger)

25. Januar

Das dichterische Wesen der Philosophie. Begreifen der Innen-

welt der Außenwelt. Geheimnis. Symbolbewusstsein.
Der Mensch wird, was er denkt.

29. Januar

Das Gegenwärtige als bedingt von der ganzen Vorgeschichte.
Ein Augenblick rechtfertigt das ganze Leben.
Wiederholung. Erlösung von der Vergangenheit. Rückkehr in
den Ursprung.

30. Januar

„ICH weiß ES nicht."

7. Februar

„Hier endet der Yoga: In der Schaffung eines neuen Bewusstseins, eines neuen Menschen und einer neuen Welt."
(Mircea Eliade)

8. Februar

„…das Wesentliche im Schweigen wachsen zu lassen und die
Kräfte weniger als bisher im Reden und Schreiben zu ver-
schleudern." (Albert Camus)
Der Sinn, der Welt erschafft: Wort und Tat.
„Der Gott, der Geist im Menschenwort." (Friedrich Hölderlin)

1. März

Tod. Wandlung. „Wo ICH war soll ES werden."
Identität von Leere und Fülle.

6. März

Der günstige Augenblick. Lebendiges, wirkendes Wort. Kairos.

19. März

„Ein guter Gärtner pflückt keine unreifen Früchte."

25. März

„Der Gebende sollte dankbar sein."

28. März

Einheit der Gegensätze: Ruhe und Bewegung, Traum und Wirklichkeit, Licht und Dunkelheit, Leben und Tod.

8. April

Die tiefe Ruhe, Stille des Geistes: Jenseits der Gedanken, Ängste, Sorgen.

18. April

Aufgang der Sonne: Geburt des Selbst ins Licht des Seins.
Interesse. Sehen. Hören. Wahrnehmen.
Flug.
Zeigen statt sagen. Aufscheinen lassen. Das unausgesprochene, unaussprechliche Wirkliche im Grunde.

1. Mai

„Diesen Ton hat Gott auf dir gespielt."

8. Mai

Lieben: Erkennen.
„Wo der Schrecken wirklich ist, ist die Heilung sicher."

16. Mai

Du bist, was du tust. Du bist, was du bist.
Der „Ich bin da" und der „Ich bin, der ich bin": Göttliche Wirklichkeit.

25. Mai

Ich wache auf und frage mich, ob ich jetzt wache oder träume. Ich bin ganz sicher, wach zu sein. Dann wache ich auf, erinnere mich an diesen Traum und schreibe ihn auf.

26. Mai

„Solche Dinge sagt man aber nicht, sondern lebt man."

30. Mai

„Das Publikum merkt nie wenn es ernst wird."

9. Juni

„Die Angst, verrückt zu werden, kann die verrückteste Art sein, verrückt zu sein." (Norman O. Brown)

15. Juni

Vom einleuchtenden Denken zur Erfahrung.
Rückwärtsgehen in der Zeit. Wiederholung: Rückkehr zum Ursprung. Verjüngung.

26. Juni

Die existenziell-anthropologische Bedeutung christlicher Metaphysik: Aufhebung der Religion. Menschwerdung.
Die ontologisch-kosmologische Bedeutung christlicher Metaphysik: Geheimnis der Schöpfung, der Entstehung von Welt durch das Wirken des Geistes, die Idee, das lebendige schöpferische Wort: Gott im Menschen.

11. Juli

Einheit von Wort, Sinn, Tat.

18. Juli

Der tragende Strom der Zeit, des Seyns: Bezug.

21. Juli

Der Gegensatz von Geist und Natur, Logos und Eros, der zur Einheit gebracht werden soll.
Aus der Vereinigung der Gegensätze geht das Leben hervor.

25. Juli

Licht. Seyn: Schöpfung durch das lebendige Wort.
„Im Anfang war das Wort, und das Wort war bei Gott und Gott war das Wort." (Johannesevangelium)

27. Juli

Unterwegs zur Einheit von Vernunft und Leben, Wissen und Sein.
Mit dem Erwachen wird das Leben traumhaft.

30. Juli

Unterwegs zur Einheit von Bindung und Freiheit.

2. August

Berührt werden vom Wasser des Lebens: Übergang vom Tod ins Leben.
Die Tiefendimension der Seele.

5. August

Einheit von Logos und Eros: Schöpferisch denken, sein.

18. August

Ewige Wiederkehr: Dialektik. Die Tiefendimension des Geistes.

1. September

Jenseits der Bilder. Jenseits der Wörter. Jenseits des Denkens: Seyn.

4. Oktober

„Zurückfallen auf den Boden des Nichts, von dem aus wir, unwissend und ohne Bedenken, unseren Aufstieg vor mehr als dreizehn Jahren begonnen haben."

16. Oktober

Das Sterben der Natur ist wie ein zweites Blühen: Herbst.

7. Dezember

Vom klaren, einleuchtenden Denken zur Reflexion von Erfahrung: Dasselbe, das ein anderes ist.

31. Dezember

Notwendigkeit des Schweigens. Geduldig das Alltägliche tun.
Seinlassen. Wandlung.
Zeit der Reife.

4. Januar

Achtsamkeit. Vernehmen der Wegweisung von innen.
Einfachheit des alltäglichen Seins.

11. Januar

Sein lassen. Nicht-Denken. Nicht-Tun.
Was wesentlich ist, kann nicht verloren gehen.

4. Februar

Immer wieder unterscheiden: Das Aufleuchten, Begreifen der
Ideen und deren Verwirklichung. Die Landkarte ist nicht der
Weg.

5. Februar

Welt als Traum, Text, Bild.
Kunst als Technik: Bewusstwerdung, Individuation, Befreiung,
Seyn.

8. Februar

Von der Idee zur Erfahrung.
Die außerordentliche Wirklichkeit, Mächtigkeit des Wortes.
Geist, Seyn, Ereignis: „*Ich bin das Wort.*"

13. Februar

Aufgabe des Eigensinns. Demütig bescheidener Eintritt in die
Große Zeit. Denken des Seyns.

16. Februar

Der Weg: Sich in den Bildern der Welt, der andern erkennen.

17. Februar

„Das Wort, das am Anfang war und sterben musste, ist lebendig geworden, und ich lebe in ihm."

19. Februar

„Erinnerung ist das Geheimnis der Erlösung." (Israel ben Elieser)

23. Februar

Der Tod ist auch die Kunst, Fragen zu stellen.
Er-Finden sinnvoller Zusammenhänge.

2. März

Der Dank als Maß der Freiheit.
Aufgabe der Unmöglichkeit, das Undenkbare denkend zu er-
langen.
„Wo ICH war soll ES werden."

15. März

Nicht der formale Abschluss, akademische Titel als Ziel der
Bemühung, sondern das wirkliche wahre Selbst.
Die Einsicht, wie wenig es bedeutet, der Masse von Büchern
ein eigenes hinzu zu fügen.

18. März

„Was wir denken, wissen wir, was wir sagen aber nicht."

19. März

Dichtung als Lebensentwurf, den es existentiell einzuholen
gilt.
„Der Geist ist nicht tiefer, als er in seiner Auslegung sich zu
verlieren getraut." (G. W. F. Hegel)

21. März

„Fang am anderen Ende an und kehre in der Mitte zum Anfang
zurück."

22. März

Der Geist ist verkörpert.
Er-Lösung ins Da-Sein.

26. März

Nur ein Wunder kann mich noch retten.
Aus der radikalen Infragestellung, Selbsterkenntnis, dem Tod des
unwirklichen Ich muss das Leben neu hervorgehen: Aufgang.

31. März

Die Welt als Spiel.

1. April

Noch einmal zum Kind werden: Staunen, fragen, lernen, lebendig sein.

1. April

Lebendige, konkrete Wirklichkeit: Jenseits der Wörter, jenseits der Bilder.
Augenblicke tiefer Ruhe.

6. April

Miteinander sprechen können. Rückhaltlos, aufrichtig, offen. Kritik wagen und ertragen können. Wahrhaft demokratisch sein.
Lachen lernen. Spielerisch sein.

7. April

Sein, was ich weiß. Wissen, wer ich bin.

8. April

Tod – Reise – Schau der Ideen – Wiedergeburt: Zyklen des Lebens.
„Die Wiederholung ist das Interesse der Metaphysik." (Søren Kierkegaard)

10. April

Die Intentionalität des Denkens, Bewusstseins, das bei den Dingen, Sachverhalten, Personen ist: Seinsbezug. Wirklichkeit. Alles hängt mit allem zusammen.
Geheimnis, Magie des Denkens, Urteilens.

11. April

Der Tiefenlogik des Lebens auf der Spur: Logik der Symbolik.
„Unter der Geschichte liegt der Mythos." (Mircea Eliade)
Notwendigkeit des Verzichts – auch auf das Schreiben.

15. April

Der Eindruck, allmählich aufzuwachen und zu erkennen, dass alles inzwischen Erlebte nur ein Traum war.

Sich während des Träumens bewusst zu werden, dass man träumt, heißt noch nicht, zu erwachen. Selbst, wenn der Traum sich auflöst, schwindet, kann anstelle des Erwachens nur ein weiterer Traum folgen.

Wenn der Traum schwindet, erkennen wir, dass, was wir während des Traumes für unser Ich hielten, nur eine Traumfigur war und nicht der Träumer.

19. April

Seinlassen: „Wo ICH war soll ES werden."
Atembewusstsein.

25. April

Logik der Symbolik: Dialektik. Ewige Wiederkehr.
Der, den Anfang in das Ende zurück schlingende, sich in eine weitere Stufe aufhebende Kreis.

26. April

Das machtvolle, schöpferische, lebendige Wort: Einheit von Logos und Eros, Vernunft und Existenz, Leben.
Aufgehen im Tun. Eingehen ins Werk.
Finden, nicht suchen.

29. April

Nachvollzug des inneren Lebensganges Nietzsches in seinen Briefen.
„Nur darf man keine Angst haben, die weiteren Schritte der Methode zu vollziehen."

1. Mai

Vom sinnlichen Bewusstsein zum mehr als sinnlichen, übersinnlichen Symbolbewusstsein.
Aufgang der Sonne.

8. Mai

Den Weg zur Erfüllung der tiefsten Sehnsucht zu Ende gehen.

9. Mai

„Die Fruchtbarkeit siegt."

10. Mai

Einsatz des Lebens.
Von den Ideen, dem vorläufigen klaren einleuchtenden Denken, zur Erfahrung.

14. Mai

Bilder. Die Unfassbarkeit des Seins. Unendlichkeit im Endlichen. Geheimnis.
Einheit in der Vielheit.
Die unaussprechliche Wahrheit jenseits der Worte.

17. Mai

Die von Generation zu Generation weiter gegebene Prägung, Bedingtheit: Erbsünde.
Nachsicht, Verstehen, Verzeihen, Dankbarkeit als Maß der Erlösung.

21. Mai

Vom klaren einleuchtenden Denken zur Reflexion von Erfahrung.
Die Idee als Samenkorn der Wirklichkeit, Erfahrung, künftigen Seins.
„Der Mensch ist ein Samenkorn Gottes. Die Sonne aber, die ihn ruft, ist Christus." (Inschrift in einer Einsegnungshalle)

28. Mai

Atembewusstsein. Leibbewusstsein: Dasein.
Vom Wollen zum Lassen. Mich dem Licht, dem Seyn, der Führung von innen überlassen.

4. Juni

Licht in der Finsternis. Die Erlösung besteht nicht in der endgültigen Überwindung der Finsternis, sondern in ihrem immer erneuten durchstrahlt werden vom Licht.

Die therapeutische, entwicklungspsychologische Bedeutung des Denkens und Dichtens, der Kunst: Weg zum Selbst.

Vom bloßen Wissen zur Entwicklung des Selbst: Bildung.

6. Juni

Immer wieder die Andersheit der anderen in ihrer Geschichtlichkeit sehen und verstehen.

Dichterisch sein. Blick in die Tiefe.

„Keiner versteht, es sei denn die Frau."

8. Juni

Notwendigkeit der Selbsterziehung, Selbstwerdung, Entwicklung der Erzieher.

9. Juni

Die unauflösliche Zusammengehörigkeit der Gegensätze.

Freiheit in der Begrenzung.

Humor und Weisheit.

Die Not-Wendigkeit der Krise.

11. Juni

„Wissen ist fragen können." (Martin Heidegger)

12. Juni

Einheit von Theorie und Praxis. Realisieren der Methode. Den Weg in Wirklichkeit gehen.

Denken des Seyns.

14. Juni

„Das Schweigen geht rückwärts." (Jean Cocteau)

24. Juni

Die Intensität, Tiefe, Authentizität des Austauschs, lebendiger zwischenmenschlicher Begegnung als Maß der Gesundheit.

2. Juli

„Der Gott, der Geist im Menschenwort." (Friedrich Hölderlin)

6. Juli

Regentropfen auf einem Rosenblatt: Unendlichkeit im Endlichen.

11. Juli

Auch die Sexualität ist symbolisch: Die Sehnsucht nach dem Ursprung, der Ganzheit. Bezug, Selbst, Seyn.
Vom bloß *Verständlichen* zum Lebendigen.
„...dass das Undenkbare undenkbar ist...." (Franz Kafka)
Welt, Leben als Spiegel und Spiel.
„Du bist, was du tust."
„Deine Freiheit ist die Freiheit der andern."

12. Juli

Aufgang der Dimension des Menschlichen.
Wirkliches, lebendiges, gelebtes Wissen.

13. Juli

Verzicht auf Anerkennung, Erfolg, Wohlstand.
Notwendigkeit des auf mich gestellt Seins.

14. Juli

Der Abgrund der Zeit, der Geschichte.

15. Juli

„Sein bei sich als bei der Sache als bei dem andern."

16. Juli

Tod als Übergang in eine andere Seinsweise. Er-Lösung vom alten Ich, seiner Welt, seinen Bildern. Wandlung. Abschied vom Gewohnten.

25. Juli

Die Einfachheit des alltäglichen Seins. Arbeiten. Lieben. Mich freuen. Dankbar sein.

Atem-Raum. Licht. Leben. Zwischen-Menschlichkeit. Hier. Jetzt.

10. August

„Erwarte die Erfüllung nicht von einer Frau." - Aber die Beziehung ist der Weg.

22. August

Entschlossenheit zum Äußersten. Tod und Wahnsinn nicht mehr fürchtend, noch den Untergang. Einsatz des Lebens.

23. August

Die schmerzliche und ent-täuschende Einsicht, nicht *mehr* zu sein durch das Wort eines andern, als ich *bin*. Zurückgeworfen auf mich selbst.
Das einst begeistert Gedichtete sein, leben.
Wort – Sachverhalt, Welt: Geheimnis der Bestimmung, des Urteils.

25. August

Schmerz, Schrecken der Selbsterkenntnis. Erlösung vom alten Ich: Scham, Trauer. Zu Grunde gehen. Anfang.
Die begriffene Geschichte. Erlösung von der von Generation zu Generation weiter gegebenen Bedingtheit: Erb-Sünde.
Nicht-Ich. Nicht-Denken. Nicht-Wollen.
„Deine Freiheit ist die Freiheit der andern."

26. August

Erlösende Trauer. Tränen. Freude. Gott sei Dank!
„De divina motione seu efficaci dei auxilio." (Kapitelüberschrift in einem alten Buch)

28. August

Die Einfachheit, Alltäglichkeit, Demut, Bescheidenheit wirklicher Größe: Freude, Seyn, Dankbarkeit.

1. September

Das Werk als Dank und Opfer.

2. September

„Frage nicht, ob du geliebt wirst, sondern ob du liebst."

3. September

Die Bildung eines Diamanten durch Druck und Hitze im Innern der Erde: Selbstwerdung.

4. September

Einheit von Idee und Wirklichkeit, Theorie und Praxis, Sprechen und Sein: Das wirkliche, unfehlbar treffende Wort.

5. September

Gewalt ist Ohnmacht.
Aufgang der schöpferischen Macht, Kraft: Licht, Sonne.

6. September

Die Gewissheit, mich auf meine Wahrnehmungen, Intuitionen, Gefühle, Träume verlassen zu können.

7. September

Der Mensch wird, was er denkt.
„Sprache ist Handeln. Sprache ist Verwirklichung."
„Wo der Schrecken wirklich ist, ist die Heilung sicher."

8. September

Tod der Illusion des Ich: Übergang in ein neues Leben.
Menschwerdung.
Die Welt, wie sie ist.

9. September

Das früh Gedichtete leben. Eingehen ins Wort.
Die Macht der Wahrheit.

16. September

Sowohl als auch und weder noch.

17. September

Licht von innen.
Abschied vom Gewohnten.

18. September

Wort und Wirklichkeit. Die göttliche Macht der Bestimmung dessen, was ist: Magischer Realismus.
Das Wort als Pfeil, der sein Ziel unfehlbar trifft.

21. September

Erwachen in die Wirklichkeit. Die Welt wie sie ist. Die Unvermeidbarkeit des Kampfes. Mut. Risiko. Einsatz des Lebens.
Einheit von Wort und Tat.
Nicht-Tun.
Nicht-Wollen.
Nicht-Ich.

25. September

Der Phallus als Symbol der Wirklichkeit, Mächtigkeit des Selbst.

26. September

Die Sonne als Symbol des schöpferischen Seins, des Selbst.
Strahlende Kraft, Macht.

27. September

Alltäglich sein. Frei sein. Verantwortlich sein.
Kraft. Lebensfreude. Menschwerdung.
Die Lüge der Macht.
Die Macht der Wahrheit.

30. September

Erlösung ist nie im Hass, sondern allein in der Liebe, Güte, verzeihenden Annahme.
Einheit. Mitte. Ruhen im Selbst.
Atem. Licht. Seyn.

5. Oktober

Heilige Langsamkeit.
Heitere Gelassenheit.

15. Oktober

„So soll wieder hergestellt werden die Kraft deines Vaters, vor allem aber durch die Liebe."

20. Oktober

„Alles, was anfängt, das hört auch wieder auf. Und anfangen ist immer ein bisschen leichter und aufhören immer ein bisschen schwerer."

24. Oktober

An nichts und niemand hängen.

28. Oktober

Tod der Illusion des Ich.

31. Oktober

Die Pflicht des Alltäglichen.
Hingabe. Leidenschaft. Freiheit. Verantwortung.
Geist. Charakter. Engagement.
Einsatz des Lebens.

1. November

Einlassen. Eindringen. Durchdringen. Vertiefen.
Geist – Seyn – Eros.
Einheit von Logos und Eros: Ideal-Realismus.

3. November

„Wissen ist lernen können." (M. Heidegger)
Mit eigenen Augen sehen.
Jenseits aller Ideologie.
„Begreifen lernen lassen."

4. November

Quelle des Lebens. Geist. Freude. Selbst.
Sonne und Wasser.

7. November

Hier und jetzt.
Einheit von Theorie und Praxis, Wort und Leben, Einzelnem und Allgemeinem.
Getragen sein vom Lebensstrom.
Erfahrung des mir geschenkt Werdens.

10. November

Nur ein Wunder, nur Gott kann mich retten: Aufgang, Heimkehr.

13. November

Sein und sein lassen.
Atem. Bezug. Freiheit.
Geist und Sinnlichkeit. Rückkehr zur Erde.
„Wo der Schrecken wirklich ist, ist die Heilung sicher."
Die große Gesundheit: Erlösung, Befreiung, Heil.

22. November

Äußerste Verzweiflung, Weglosigkeit. Sprung in den Abgrund.
Völliges Loslassen. Gänzliche Überantwortung an das Göttliche: Nicht-Ich.
„Der Glaube ist keine leichte Gabe, sondern schreckliche Tat."
Menschwerdung.
Ruhe, Tiefe, Vertiefung: Seyn.
Wahrheit. Weg. Leben.
Auferstehung.
Einheit von Ruhe und Bewegung, Ruhe und Ekstase.
„Das Wirkliche ist vernünftig, und das Vernünftige ist wirklich." (G. W. F. Hegel)

26. November

Einheit von Vernunft und Existenz, Selbst und Gott.

28. November

Heitere Gelassenheit. Leichtigkeit. Mächtigkeit.
Weg ins Licht: Heimkehr.

1. Dezember

Lebendiger, freudiger Alltag. Lieben und arbeiten. Staunen.
Lernen.
Aufgehen im Tun. Dankbar sein.

5. Dezember

Einheit von Wort und Tat, Denken und Sein.

6. Dezember

Lachen lernen. Spielend sein.
„Kraft durch Freude." – „Arbeit macht frei." (Ideologie des
Nationalsozialismus) - Von der pervertierten, missbrauchten
Wahrheit zur lebendigen Wirklichkeit.

7. Dezember

Magischer Realismus oder Real-Idealismus: „Dass der Geist in
der absoluten Gewissheit seiner selbst Herr über alle Wirklich-
keit ist und sie abwerfen und ungeschehen machen kann." (G.
W. F. Hegel).
Die Sehnsucht nach dem Selbst: „Ich bin, der ich bin."
(Jahwe)
Der Zusammenhang meines Lebens: „Die goldene Kugel ist
die Treue."

9. Dezember

Mit Maß und Leidenschaft: Mitte.
„Das Leben ist nicht da um verstanden, sondern um gelebt und
also geliebt zu werden." (José Sánchez)
Die Nähe des Zwischenmenschlichen. Dialogisch sein.

10. Dezember

Gott: Das liebende, in sich ruhende Selbst. Nicht-Ich.
Zurückgeworfen auf mich selbst.

„Ich habe keinen anderen Ausweg als leben." (Pablo Neruda)

Die Mühe, das Kreuz des Alltags.

Aus der Welt der Ideen, dem Leben im Kopf zur Erde zurückkehren.

Dasein. Frei sein. Verantwortlich sein.

Verzicht auf Ansprüche: Erwachen. Erwachsen.

„Sein bei mir selbst als bei der Sache als bei dem andern."

Wirklichkeit. Leben. Nähe. Gemeinsamkeit.

Erlösung aus dem Spiegelgefängnis: Jenseits der Bilder.

Heitere Gelassenheit,

Leben aus der Mitte.

Weg ins Licht.

Selbstschöpfung. Weltschöpfung. Hervorgehen von Raum und Zeit.

Die fühlende, atmende Seele: Heimkehr. Heilung.

Mit Maß und Leidenschaft.

Nach dem Tod der Illusion des Ich: Der Bezug des Seins.

Schlichte Menschlichkeit.

17. Dezember

Am Ende der furchtbaren, schmerzlichen Nacht des Todes: Dämmerung. Aufgang. Auferstehung.

Leben. Licht. Dank. Freude.

„Kurz vor Sonnenaufgang ist die Nacht um dunkelsten."

Selbst: Der geliebte Andere.

„Deine Freiheit ist die Freiheit der andern."

„Alles schmerzt sich einmal durch bis auf den eigenen Grund und die Angst vergeht." (Jan Skácel)

18. Dezember

Vernehmen der Weisung von innen: Licht.

Mich einlassen. Schöpferisch sein. Wirklich lebendig sein.

Geburt des Selbst aus Geist und Wasser.

Schöpfung der Welt.

Einklang von Sein und Zeit.

Auferstehung: Phönix aus der Asche.

Ein Kind, das spielt, mitspielt im Weltspiel Gottes.

Vom Tod ins Leben. Die Liebe als Maß.
„Die alles in allen wirkende Liebe." (Wilhelm Klein)

19. Dezember

Fühlen. Offen sein. Empfänglich sein: Integration des Weiblichen.
Nicht das Wissen, Reden über, die Ideen, sondern das Sein.
Gänzliche Aufgabe, Überantwortung: Nicht-Denken. Nicht-Wollen. Nicht-Ich.
Die *Vorläufigkeit* der Dichtung, der anfänglichen unbewussten Kreativität, des metaphysischen Denkens.
Die *vorläufige* Wahrheit auch der Briefe.
Vom revoltierenden ICH zum Selbstsein.
Von den Ideen, Bildern zur Wirklichkeit.
Er-Lösung der Seele aus dem Gefängnis des Körpers: Da-sein.
In-der-Welt-Sein. Der große Leib. Die große Gesundheit.
Gelassenheit.

20. Dezember

Erotischer Wirklichkeitssinn: Freude.

21. Dezember

Der erschreckenden und vernichtenden Erkenntnis des Schatten-Ich standhalten.
Der den Schatten Erkennende ist unterschieden von ihm.

23. Dezember

Die immer wiederkehrende Dunkelheit, Nacht, Verzweiflung durchstehen.
Festhalten an der Richtung: Glaube an die Erlösung des Selbst.
Wieder Kind werden. Mit Kinderaugen sehen.

24. Dezember

Die überwältigende Erinnerungskraft des Geruchs.

26. Dezember

Befreiende und belebende Trauer. Tiefes Bedauern meiner unwesentlichen, ungelebten, ungeliebten Vergangenheit.
Einheit von Geist und Natur, Sinn und Sinnlichkeit.
Leibhafte Vernunft. Leben.

28. Dezember

Mächtigkeit des Geistes: Phallus und Maske.

29. Dezember

Von den Bildern meiner Seele zur wirklichen Lebendigkeit.
Erwachen aus dem Bilder-Traum, der Gewohnheit.

1990

1. Januar

Schmerzliche Selbsterkenntnis des scheinenden Ichs. Abschied vom Gewohnten. Das Abenteuer wiederfinden. Auf der Schwelle zu Ostern.

3. Januar

Immer wieder: Angst, Schmerz, Erschrecken, Verzweiflung.
Endgültige Aufgabe des Versuchs, das Problem des Lebens denkend lösen zu können.

4. Januar

Die Kindheit wiederholen, die narzisstische und ödipale Problematik immer wieder durcharbeiten. Endgültige Aufgabe kindlicher Ansprüche: Verzicht.

5. Januar

Wiederaufflammen der Liebe-Sehnsucht als Antrieb des philosophischen Prozesses, der Selbstwerdung.
Rückkehr zum Anfang: „Jetzt komme, Feuer. Begierig sind wir zu schauen den Tag." (Friedrich Hölderlin)
Innigkeit. Offenheit. Nähe. Bezug.
Erotischer Wirklichkeitssinn.

9. Januar

Ich-Tod: Liebe, Kraft, Leidenschaft. Freude.

Leben des Geistes: Mich einlassen. Eindringen. Durchdringen. Verweilen. Ganz bei der Sache sein, in ihr aufgehen, in sie eingehen.

„So soll wieder her gestellt werden die Kraft deines Vaters, vor allem aber durch die Liebe."

Einfachheit. Bescheidenheit. Geduld und Demut: Mensch unter Menschen.

Notwendigkeit der Mühe, Arbeit, Anstrengung: „Arbeit macht frei." – „Kraft durch Freude." (Ideologie des Nationalsozialismus)

Der Führung von innen trauen: Getragen sein.

10. Januar

Phallus: Schöpferische Kraft.

Maske: Niemand sein. ES durch mich.

Er-Lösung von der Mutter. Verzicht auf die Mühelosigkeit des Paradieses.

Opferung des unwirklichen Größen-Ich.

Tod des Ich. Heimweg zum Vater: „Gott, Vater, rette mich!"

Die wirkliche, lebendige Dimension des Geistes.

11. Januar

Vom lärmenden Pathos bloßer Ideen zur stillen Sage wirklicher Erfahrung.

Erwachen im Lebenstraum: Wandlung.

Leben ist der Sinn des Lebens. Aufgabe des Versuchs, denkend die Erfüllung, Erlösung zu erlangen.

Tod des scheinenden Ich: Geburt des wahrhaft lebendigen Selbst.

Weg, Wahrheit, Leben, Licht.

13. Januar

Notwendigkeit radikalen Vertrauens, Glaubens. Mich dem Lebensstrom überlassen: Schutz und Führung.

Wiedererweckung der Kraft der Entwicklung.

Tod – Leben – Licht.

Begreifen. Sein.

Rückkehr aus dem Kopf in die Welt.

Die zu erreichende Identität von Einzelnem und Allgemeinem.

Der Prozess des zu sich Kommens in der Vermittlung der philosophischen Arbeit: Eingehen ins Werk.

Vertrauen auf die verborgene Führung, Steuerung des Selbst.

Das lebendige Aufleuchten von Einsichten, immer wieder: Gewissheit. Richtung.

Das lebendige kraftvolle mächtige geistige Selbst: Die wahre Dimension – auch der Politik.

Der wiedergefundene Zauber des Unterwegsseins: Abenteuer Leben.

Mut und Risiko. Einsatz des Lebens. Aufgehen im Weltspiel.

16. Januar

Lebendige Wirklichkeit. Gesteigerte Sensibilität.

Verletzlichkeit.

Endlich lieben.

Vom Buchstaben zum Leben des Geistes.

17. Januar

Immer wieder die schmerzliche Wahrheit der Geschichte zulassen, fühlen: Abstieg zur Hölle. Integration des Schattens.

Erlösung des göttlichen Kindes.

Gelebte Zeit. Begreifen. Vernehmen.

Erlösung als Bezug zum Geheimnis des Seins: Wandlung.

Erotischer Wirklichkeitssinn.

Realisieren des Anderseins.

19. Januar

Erlösung von der Moral: Vom *Du sollst* zum *Ich will.*

Zu Grunde gehen.

Weg ins Licht.

20. Januar

Wachend träumen.

Träumend wachen.

Moral und Ideal als Kompensation des Mangels an Lebendigkeit des nur im Kopf lebenden Intellektuellen.

24. Januar

Gänzliche Niederlage, Vernichtung der Illusion des ICH: Satori.

Wasser und Licht: Leben und klares Bewusstsein.

Von der das Absolute endgültig erzwingen wollenden Ungeduld zum Genügen am immer erneuten Aufleuchten des Unterwegs.

Die bleibende Aufgabe: Realisieren des Andersseins.

„Du bist, was du tust."

Der Bund, das Reich der Geister: Die unsichtbare Kirche.

Sturz vom Kindheitsolymp der Illusion des ICH: Maß und Mitte.

26. Januar

Das schreckliche, ängstigende Gefühl der drohenden existentiellen Vernichtung, Katastrophe: Tod der Illusion des ICH.

Sterben können wie ein Kind einschläft in der beruhigenden Gegenwart der Eltern: Geborgen vertrauensvoll sich loslassen.

„Du bist, was du tust." – Und nicht, was du denkst, was du bist.

29. Januar

Alt sein. Jung werden.

„Wo der Schrecken wirklich ist, ist die Heilung sicher."

Gott. Geist. Leben. Liebe. Licht. Erkenntnis. Wahrheit. Weg.

„Wo ICH war soll ES werden."

Idealisierung ist Abwehr.

31. Januar

„Wissen ist lernen können." (Martin Heidegger)

4. Februar

Der Ab-Grund des Todes: Unendlichkeit im Endlichen.

6. Februar

„Gott sei Dank, dass ich bin, dass er mich erhält, frei macht, heilt."

7. Februar

Hier und jetzt. Die menschliche Wirklichkeit ist alles, was ist.

10. Februar

„Liebe und tu, was du willst." (Augustinus)

11. Februar

Gott: Das wahre Selbst. Licht. Leben.
Der wahre Selbstmord: Erlösung vom ICH. Aufgehen im Tun. Frei sein.
Erfüllung ist nicht Besitz des Begehrten, sondern die Verwirklichung des liebenden Selbst.
An nichts hängen.
Rückkehr zur Erde, zur Quelle des Lebens.

15. Februar

Erwachen. Erwachsen. Die unumgängliche Notwendigkeit der Auseinandersetzung, Durchsetzung, des Kampfes.
Der Hervorgang des Heiligen Geistes aus der Selbsterkenntnis, dem Tod des scheinenden Ich.
„Die goldene Kugel ist die Treue."
Weltspiel. Spiel des Lebens. Bühne der Welt.

19. Februar

Sein und seinlassen: Erlösung vom Geist der Rache, der Erbsünde.
Menschwerdung.

20. Februar

Rückkehr zum Anfang. Maß und Mitte.

Gott sei Dank.

Gelassenheit. Humor. Weisheit.

Jenseits von Ideologie und Meinung. Mit eigenen Augen sehen.

Erlösung der Seele aus der Gefangenschaft im Körper: Auferstehung des Leibes.

Atembewusstsein. Dasein. In der Welt sein.

Wirklich lebendig sein.

Die Kostbarkeit der Zeit.

29. Februar

Tiefste Tiefe. Finsterste Finsternis.

Ohnmacht. Schwäche. Hilflosigkeit. Verzweiflung. Angst.

Den Weg in Wirklichkeit gehen.

5. März

Die grandiose Illusion des todernsten, lebensfernen, liebesunfähigen Ich-Ideals und sein Schatten.

Heitere Gelassenheit. Lachen können, auch über mich selbst.

Humor als Maß.

Vom Denken zum Sein.

Frische des Aufgangs: Anfang.

Abenteuer Leben. Dichterisch sein.

Der Weg zurück in die Zukunft.

9. März

Die begriffene Geschichte als Stätte der Geburt des unsterblichen geistigen Selbst.

Liebe: Erkenntnis.

Ich bin, der ich war. Ich bin, der ich sein werde. Ich bin, der ich bin.

12. März

„Abschied von den Eltern." (Peter Weiss)

Mich einlassen, seinlassen: Sprung in den Abgrund.

Tod: Wandlung.

Erwachen. Staunen. Begreifen.

Das je eigene Abenteuer des Lebens und Sterbens.

15. März

Abschied vom Gewohnten. Heilung des Selbst. Heimkehr aus der Entfremdung.

Fülle der Stimme. Musik. Gesang.

„Wo ICH war soll ES werden."

Freude des Alltäglichen.

Mitmenschlichkeit. Zwischenmenschlichkeit.

Einfachheit. Dankbarkeit.

„Kraft durch Freude." (Ideologie des Nationalsozialismus)

Offene Weite. Personale Begegnung.

Sehen. Hören.

Jenseits der Bilder.

17. März

Erwachen. Befreiung: Die Welt als Traum, Spiel.

Lieben und arbeiten.

Die Handschrift meines Lebens.

Verzeihen, Versöhnung als Maß der Heilung.

Das Wissen um die Vorläufigkeit, Endlichkeit, Vergänglichkeit als Grund der Innigkeit, Intensität, Lebendigkeit.

Weg ins Licht.

19. März

Morgenzeit. Mittagszeit. Abendzeit.

Jenseits von Vorurteilen, Bildern, Ideologie.

20. März

Erlösung: Einheit von Einzelnem und Allgemeinem.

Wissen, worauf es ankommt.

21. März

Immer wieder die Schmerzen, Qualen des Todes: Kreuzigung.

Angst. Schrecken: Weg der Heilung.

Trauer. Scham. Scheu.

22. März

Das zwingende Gefühl, angesichts des nahen Todes die retten-den Worte finden zu müssen.

24. März

Seinlassen. Aufgeben der Illusion der Sicherheit, des festen Grundes.

26. März

Die Liebe-Sehnsucht als Sehnsucht nach der eigenen Seele, Lebendigkeit, Liebesfähigkeit, dem Selbst.
Die sehnsüchtig geliebte Frau als Bild der Seele, des Lebens.

30. März

Immer wieder geduldig die verkörperten Emotionen erlösen, ohne mich von ihnen mitreißen zu lassen.
Allmähliches Wiedergewinnen der Lebensenergie.

31. März

Integration des Weiblichen: Verletzlichkeit, Mitgefühl, Zärtlichkeit, Offenheit, Empfänglichkeit, Intuition.
Liebe statt Macht.

1. April

Dichterisch sein.
Geistig-erotische Schöpferkraft, Leidenschaft.
Eros als Bezug: Brücke zum Anderssein.

2. April

Aufgabe der Mühelosigkeit, Bequemlichkeit, Verantwortungslosigkeit, der Illusion der Größe: Opferung der Mutter.
Heimkehr: Weg zum Vater.
Mich aussprechen. Eingeständnis des sich selbst erkennenden Ich: Beichte.
Die Wirklichkeit des Wortes.
Das Schwert des Geistes. Der Stock des Meisters.

3. April

Angst. Erschrecken. Abscheu vor meiner alten Lebensweise.

4. April

Vom bloßen Denken, Reden – endlich – zum Tun, Sein.
Abschied vom Gewohnten.

5. April

Die Wahrheit selbstkritisch sagen, schreiben, leben.
Mich sehen und annehmen wie ich bin.
Sünde: Mangel an Leben, Mangel an Liebe.
Drei-Einigkeit: Gott. Selbst. Der geliebte Andere.

8. April

Die Angst vor dem Überwältigenden der Selbstwerdung: Aufgang der Sonne.
Satori als die endgültige Niederlage, Vernichtung des Ich.

9. April

Die Sehnsucht nach dem Ursprung: Auslöschen der Bedingtheit, Aufhebung der Geschichte. Wiedergeburt. Anfang.

10. April

Verzicht auf Ansprüche und Besitz.
Sein und sein lassen.
Die wiedergefundene, zum ersten Mal begriffene Christlichkeit der Existenz.

11. April

Vernehmen, was die Sprache spricht: Logos.

12. April

Das Paradox der Übernahme selbstverantwortlicher autonomer Existenz in der völligen Überantwortung: „Gott, Vater, führe mich."
Nicht-Ich. Nicht-Wollen. Nicht-Tun.
Aus Rebellion und Idealisierung zum wahren Selbst.
Die nicht bewältigte ödipale und narzisstische Problematik als Kern der Neurose.
Das Werk als Opfer. Hingabe.

Verzicht auf Ansprüche und Besitz.
Brennendes Interesse. Feuer. Heiliger Eros. Heiliger Geist.
„Wo ICH war, soll ES werden."
Selbst. Liebe. Gefühl.
Stilles Für-mich-sein.
Mensch unter Menschen.
Heimkehr.

13. April

Religion als Ereignis der Wahrheit des Lebens und Religion als
Kompensation des Mangels an Leben.
Führung von Innen: Gott in mir.
Vernehmen göttlicher Musik.
Von der Idee zum Leben.
Fleischwerdung des Wortes.
Auferstehung des Leibes.
Taufe mit Feuer und Heiligem Geist: Firmung.
Die erotische Begegnung als höchste Wirklichkeit, ekstatische
Verschmelzung, duale Einheit. Innigkeit. Geist. Liebe. Ge-
heimnis.
Erwachen. Erwachsen. Mich einlassen. Aufgehen im Tun. Mut.
Risiko. Einsatz des Lebens.
Erlösung von den Bedingtheiten der Geschichte: Erbsünde.

16. April

Heilung des Herzens im Feuer der Liebe.
Das göttliche Selbst.
Demut. Einfachheit. Bescheidenheit.
Philosophie als Lebensform.

18. April

Leben ist Leben nach dem Tod des scheinenden ICH.
„Gott, Vater, mache mich lebendig und rette mich!"
Zurückgeworfen auf mich selbst.
Das Paradox: Die wirkliche Autonomie kann nur erreicht wer-
den durch die ebenso not-wendige wie freiwillige Unterwer-
fung unter das höchste Selbst: Gott.

Offenheit. Empfänglichkeit. Verletzlichkeit. Mitgefühl.

Nach der Integration des Schattens, die Integration des Weiblichen.

Einheit von Wort und Tat, Wort und Sein.

„Freiheit ist die Fähigkeit, Verlust zu erfahren." (Margarete Mitscherlich)

20. April

Schwäche und Angst, der Mangel an Lebendigkeit, die sich in Tugend, Moral verbergen. Ohnmacht und tiefe Verletzung, die hinter Macht und Gewalt sichtbar werden.

Wirken durch das, was man ist.

Weg ins Licht.

Das unbegreifliche Wunder des Lebendigen.

Einfach Menschsein. Heilung des Selbst. Leben. Lieben.

21. April

„Tränen waschen die Augen."

Und reinigen und heilen die Seele.

Vom Denken zum Leben. Vom Kopf in den Körper und in die Welt.

Heimkehr.

22. April

Gelassenheit: Flug.

„And I heard a million voices singing, acting to the story, that they had heard about. Does one child know the secret and can say it, or does it all come out along without you." (Yes)

23. April

Die Zeitlichkeit des Lebensprozesses, der Sprache: Entwurf, Vorläufigkeit.

Der Mensch wird, was er denkt.

Rückkehr in die Welt mit der Erinnerung an das vorhergehende Leben. Entschlossenheit, die erkannten Fehler nicht wieder zu begehen: Die wahre Bedeutung der Lehre von der Wiedererinnerung, Seelenwanderung, Unsterblichkeit und Wiedergeburt.

„Die Wiederholung ist das Interesse der Metaphysik." (Søren Kierkegaard)

Ewige Wiederkehr: Wiederholung. Dialektik. Dasselbe, das ein anderes ist.

24. April

Sprache als Handeln des Geistes: Wirklichkeit.

26. April

Geburt des neuen Menschen. Gelassenheit. Offenheit. Ruhe. Stille. Tiefe. Bezug.

Erfahrung des nicht-dualen Seins: Ekstatische Erregung. Seligkeit.

Atembewusstsein. Licht. Freiheit.

27. April

Finden statt suchen. Begegnen lassen.

Dem immer wieder aufleuchtenden Licht folgen.

Freudig verantwortungsbewusstes Aufgehen im Weltspiel.

Welt als Spiegel: „Wir sehen jetzt durch einen Spiegel in einem dunklen Wort." (Paulus)

Aufleuchten des Ewigen, Unsterblichen im Menschen: Prozess der Freiheit, Selbstwerdung, Menschwerdung.

Gebet. Meditation.

Glaube als Festhalten an dem mit Gewissheit Verstandenem und Erfahrenen.

28. April

Die Nähe des überwältigenden Aufgangs der Sonne – des göttlichen Selbst – im Tod des scheinenden Ich: Satori.

Mich vollkommen sein lassen. Loslassen in den Ab-Grund.

Selbst: Die alle und alles belebende schöpferische Liebe.

Leben in Fülle.

29. April

Der Einzelne, der sich im Werk als Allgemeines hervorbringt.

Selbstschöpfung als Weltschöpfung.

Erlösung der Seele aus der Verkörperung: Leib-Bewusst-Sein. Dasein. In der Welt Sein.

Die alles bestimmende Macht des Selbstbewusstseins: „Dass der Geist in der absoluten Gewissheit seiner selbst Herr über alle Wirklichkeit ist und sie abwerfen und ungeschehen machen kann." (G. W. F. Hegel)

Beginn eines neuen Lebenskreises, einer neuen Lebensstufe.

Der Weg: Unsterblichkeit und Freiheit.

Menschwerdung.

Philosophie als Weg der Erlösung, Befreiung, des Heils. Weg ins Licht.

Veränderung der Welt. Erlösung der Weltseele.

30. April

Licht des Verstehens. Flug.

„Stein. Schmerz. Feuer."

Das nur dem inneren Ohr hörbare Geläut der Stille.

Demokratie als offener angstfreier Austausch autonomer Subjekte.

2. Mai

Immer wieder: Angst, Schrecken.

„Gott, Vater, rette mich!"

Stimme und Handschrift als Maß.

Leichtigkeit. Heiterkeit. Zauber

Nicht-Zweiheit.

Er-Lösung aus der Verstrickung, Neurose.

Endgültige Aufgabe des Versuchs, das Problem des Lebens denkend zu lösen.

Tod der kindlichen Illusion des ICH.

Mich einlassen, verweilen, eindringen, durchdringen.

Die erotische Symbolik des Geistes.

Phallus und Maske: Wahrhaft mächtig sein. Niemand.

3. Mai

Das Vermögen ganzheitlicher erotischer Begegnung und Erregung, des Haltens, der Steigerung und Vertiefung dieses

Zustandes und der abschließenden ekstatischen Erfüllung: Beherrschung des Feuers.

4. Mai

Freiheit. Reife.
Die Transzendenz des Ego.
Atembewusstsein. Flug.

6. Mai

Dichtung als Bewahrung des wahrhaft Menschlichen, Lebendigen.

10. Mai

Der Wahnsinn der Normalität.
Abschied vom Gewohnten.
Die frühe Gewissheit der Bestimmung, des Rufes in der Tiefe der Seele.
Tiefe Ruhe. Sammlung. Führung von innen. Erfahrung des getragen Seins.
Das Wahre als Substanz und Subjekt.

11. Mai

Angst. Erschrecken.
„Die Angst verrückt zu werden, kann die verrückteste Art sein, verrückt zu sein." (Norman O. Brown)
„Gott, Vater, rette mich!"
Die Sehnsucht nach dem Ursprung, der Quelle des Lebens.
Liebe. Sinn. Schöpferische Freiheit.
Der durch die Integration des Schattens und des Weiblichen menschlich gewordene Mann.
„Du musst frei sein, um zu lieben." – „Du musst lieben, um frei zu sein."

12. Mai

Läuterung. Initiation. Zeit der Reife.

13. Mai

Licht des Verstehens: Flug.

Befreiendes Lachen – auch und vor allem über mich selbst.

Mensch unter Menschen. Sein und sein lassen.

Verwirklichung des Traums vom wahren Leben in Freiheit, Freude, Liebe.

Tod. Erwachen. Selbsterkenntnis: Symbolbewusstsein.

Vom *Du sollst* zum *Ich will.*

Erkenntnis der Identität von Notwendigkeit und Freiheit, Gesetz und Freiheit.

15. Mai

Immer wieder der erschreckenden, verstörenden Wahrheit der Geschichte ins Auge sehen: Selbsterkenntnis.

Die wieder erlangte Unmittelbarkeit, Einfachheit, Unschuld.

Das göttliche Kind, das spielt.

Heitere Gelassenheit.

Unbeirrbare Entschlossenheit.

Die Bereitschaft und das Vermögen, den sein Ziel unfehlbar treffenden Pfeil abzuschießen.

Das auf Verwirklichung zielende schöpferische Sein des Denkens.

Musik: Geheimnis des Seins.

„Du bist, was du tust."

„Arbeit macht frei." (Ideologie des Nationalsozialismus)

Anders leben.

Begegnen lassen. Mich einlassen. Verweilen. Eindringen. Vertiefen. Durchdringen. Austausch.

Unterscheidung des schöpferischen Prinzips, der schöpferischen Liebe von der idealisierten Person: Bild der Seele.

17. Mai

Angst. Schrecken. Tiefe Ruhe.

Führung und Schutz von innen.

Immer wieder: Realisieren des Anderseins.

Angst. Glaube. Erlösung.

„Gott, Vater, rette mich!"

Die Bestimmung, Verheißung, der Anspruch des Namens, in den einzutreten, hinein zu wachsen unsere *Aufgabe* ist.

18. Mai

Schreiben als Technik, Weg der Befreiung: Wiederholung.
Aufgabe des Widerwillens, Eigensinns: Tun, was getan werden muss.
Das demütig und bescheiden machende Wissen vom Ab-Grund.

19. Mai

Auftauchen vergessener Zeiten und bisher nicht bewusst wahr-genommener alltäglicher Wirklichkeiten.

20. Mai

Emotionale Intensivierung des Prozesses der Selbsterkenntnis und des gleichzeitigen Aufleuchtens zukünftiger Entwicklungs-möglichkeiten des Daseins.
„Wo aber Gefahr ist, wächst das Rettende auch." (Friedrich Hölderlin)
Vom bloß *verständigen* Denken zum lebendigen: Vernehmen.
Der schmale Grat. Entscheidung über Leben oder Tod.
Tod. Wandlung. Erwachen: Auferstehung. Leben.
Reue. Trauer. Buße. Geduld. Demut: Initiation. Läuterung.
Abenteuer Menschwerdung. Abenteuer Leben.

22. Mai

„Gott sei Dank, dem Schöpfer und Erhalter des Lebens."
Immer wieder: Aufleuchten des Lichtes von innen: „Und das ewige Licht leuchte Ihnen." (Totengebet)
Tod als Übergang, Erneuerung, Verjüngung: Alt sein. Jung werden.
Rückkehr in den Ursprung: Die schöpferische Liebe als Quelle des Lebens.
Die unerhörte Musik, der unsagbare Klang des Ursprungs.
Immer wieder: Ekstatisches Aufleuchten des Lichtes.
Gebet. Meditation. Sammlung. Aufmerksamkeit.

23. Mai

Idealisierung und Moral als Abwehr: Angst vor dem Leben.
Die ekstatische Freude zu sein. Fest des Lebens. Fest der Liebe.
Element des Denkens, des geistigen Lebens: Dimension.
Ewiges Licht: Vernunft und Existenz.
Getragen sein.
Vertrauen auf die selbstorganisierende Kraft des Prozesses.
Selbstvertrauen. Gottvertrauen.
Der wiedergefundene Weg.
„Gott sei Dank!"

24. Mai

Heftige Todes- und Vernichtungsangst. Schrecken der Selbst-
erkenntnis.
Durch die Erkenntnis des Todes, des Mangels an Sein zum
Leben in Fülle.
Gelassenheit. Zeit haben: Sein.
Rückkehr zum Anfang. Freude des Lernens. Einheit von Wis-
sen und Sein.
Bezug zum Sein: Bildung.
Begreifen: Flug. Bezug des Seins.
Jenseits der Bilder.
„Das Einzelne ist das Allgemeine." (G. W. F. Hegel)
Aufgehen im Tun, der Sache.
Erwachen. Erwachsen.
„Ein wahrer Mensch ohne Rang." (Linji Yixuan)

25. Mai

Einheit von Vernunft und Existenz, Leben.
Sturz vom Kindheitsolymp. Erlösung von Stolz, Größenillusi-
on, Egoismus, Geiz, Ansprüchlichkeit, scheinbarer Überlegen-
heit, Helferrolle, Eifersucht. Annahme meiner Ängstlichkeit,
Schwäche, Ohnmacht, Hilflosigkeit, meines Unwissens, mei-
ner Unfähigkeit. ICH ist am Ende. Niederlage, Vernichtung.
Schmerzlicher Tod einer Illusion.
Der wahre Selbstmord.

Gelassenheit. Seinsbezug. Zwischenmenschlichkeit. Dialogisch sein.

Einfachheit. Freude. Ruhe.

Offenheit. Empfänglichkeit. Empfindsamkeit.

„Der Mensch ist ein Verhältnis, das sich zu sich selbst verhält."
(Søren Kierkegaard)

26. Mai

Erlösung aus dem Spiegelgefängnis.

Jenseits der Bilder.

Sein und sein lassen.

Aufgeben der Illusion, jemals endgültig am Ziel zu sein: Der
Weg ist das Ziel.

Unendliches Interesse.

27. Mai

Dämmerung. Aufgehen des Anderseins.

Geburt des Selbst. Erschaffung der Welt.

Leben ist Leben nach dem Tod.

Schrecken des Erwachens.

„Wo der Schrecken wirklich ist, ist die Heilung sicher."

29. Mai

Nur die Liebe heilt.

Auferstehung der Seele, des wahren lebendigen Selbst und seiner schöpferischen Kraft.

Einheit von Denken und Sein, Wort und Sein.

30. Mai

Begegnen, eintauchen, einlassen, eindringen, verweilen, vertiefen, durchdringen.

Phallus und Maske: Die erotische Dimension, Symbolik des
lebendigen schöpferischen Geistes.

Die Identität in der Vielheit: „Ich" ist jeder.

1. Juni

Maß und Mitte.

„Liebe und tu, was du willst." (Augustinus)

2. September

Glaube: Sein lassen.
Sterben: Völlige Entspannung. Gelassenheit.
Das Zusammengehören von Liebe und Tod.
Ideal und Moral als Maskierung der Schwäche, Minderwertigkeit, Angst vor dem Leben.
Durch Erwerb und Konsum unstillbares Begehren als Ersatz für das Leben, das Selbst.

6. September

29 Jahre Leben: Schlaf und Traum.
„And then one day you find ten years have got behind you, no one told you when to run, you missed the starting gun." (Pink Floyd)
Vom besitzen wollen – auch des Wissens und der Liebe – zur Gelassenheit.
Lieben als Weg zur Freiheit, zur Liebe.

7. September

Politik ist Alltag.
Wo ICH war soll ES werden.

8. September

Verzicht auf das Paradies kindlicher Mühelosigkeit.
Philosophie als Übergang auf die andere Seite.
„Arbeit macht frei." (Ideologie des Nationalsozialismus)
Opfer. Hin-Gabe.

10. September

Plötzlich und unerwartet: Die beglückende und erfüllende Ekstase des Todes. Satori.
Tiefe Erfüllung, Stillung des Mangels.

15. September

Idealisierung und Sexualisierung als Angst, Abwehr der Andersheit des andern.

Sinnlich-erotische Ekstase: Schöpferisches Sein.
Licht in der Dunkelheit.
„Wo aber Gefahr ist, wächst das Rettende auch." (F. Hölderlin)

18. September

Dunkle Nacht der Seele.
Blick hinter den Vorhang: Bühne der Welt. Das Anderssein der andern.
Die brennende Sehnsucht: Ruf und Führung. Zuhause sein im Unterwegs.

23. September

Die Anmut, Schönheit und Würde junger Mädchen: Unmittelbarkeit. Ganzheit. Unschuld des Seins, Unschuld des Werdens.
Das ins Spiel vertiefte Kind: Anfang.
Ekstatische Freude als Quelle der Kraft im Alltag.

24. September

Bezug des Seins. Über-sinnlicher Genuss.
Kommunikation. Kommunion.
Weih-Nacht: Geburt des göttlichen Kindes.

25. September

Das verschlossene Ich als Erscheinungsform des Bösen.
„Man nimmt sich mit, wohin man geht." (Ernst Bloch)
Notwendigkeit der Öffnung: Geburt ins Leben, die Freiheit, ins Sein.

28. September

Geduldige Erlösung der Lebensenergie aus ihrer Gebundenheit in Wut und Hass.
Überwindung von Rücksicht und Mitleid, die das Kind an seiner gesunden Selbstentwicklung hinderten: Opferung der Mutter. Weg zum Vater.
Leben wollen. Sein dürfen.
Menschwerdung.

Dem Logos folgen: Sinn. Seinsbezug.

Einheit von ekstatischer Freude und Ruhe.

Erlösung der Natur: Leidenschaft. Innigkeit.

Verzicht auf unwesentliche Bedürfnisse, Ansprüche.

Sprechen lernen. Schreiben lernen.

Immer wieder: Dem Schatten hinter der Illusion des vermeintlich guten Ich ins Auge sehen.

Erlösung der Natur. Integration des Schattens.

3. Oktober

Die Angst vor dem Tod als Angst vor dem Leben: Erwachen. Erwachsen.

Tod der Illusion des Ich.

„Zwischen tausend Spiegeln, vor dir selber falsch." (Friedrich Nietzsche)

„Wo ICH war, soll ES werden."

Jenseits der Bilder.

Erwachen im Lebenstraum. Mitspielen auf der Bühne der Welt.

Gelassenheit. Humor.

Von der Vorgeschichte zur Geschichte.

Auferstehung.

12. Oktober

Mit Maß und Leidenschaft.

Maß und Mitte.

Geduldige Meditation der heftigen negativen Emotionen, in denen die Lebensenergie gebunden ist.

14. Oktober

Die freudige Kraft des Alltäglichen.

Unendlichkeit im Endlichen.

Freiheit in der Begrenzung.

19. Oktober

Gefühl des getragen Seins.

21. Oktober

Erlösung aus der Verstrickung: Geduldige Entwicklung des Selbst.

Erlösung ist nur im Loslassen: Nachsicht. Verzeihen. Güte. Liebe.

Heimkehr aus der Entfremdung.

Die zweite Geburt.

24. Oktober

Die Liebe als tragender Grund.

Wissen ist Liebe: Sein, Leben.

Immer wieder: Die furchtbare Angst, dass das Leben nicht gelingt.

25. Oktober

Richtung Einfachheit. Richtung Unmittelbarkeit. Richtung Gemeinsamkeit.

Sein dürfen und können: Flug.

Einheit in der Verschiedenheit: Gott, Selbst, Liebe, Anderssein.

„Bete und arbeite." (Benedikt von Nursia)

1. November

Abschied vom Gewohnten.

Geben und nehmen können. Freude. Dankbarkeit.

4. November

Von neuem anfangen: Lernen. Bildung.

Einheit von Wissen und Sein.

Geduld und Demut.

Zeit der Reife.

7. November

Philosophie als Schöpfung, Hervorbringen des Selbst und seiner Welt.

9. November

Mystische Selbsterfahrung. Innigkeit. Getragen sein.

Einheit von Spieler und Spiel.

Führung, Schutz von innen.

11. November

Besinnung.

Einklang von Sein und Zeit.

Das schöpferische Wort der Mitte.

„Im Anfang war das Wort und das Wort war bei Gott und Gott war das Wort. Dasselbe war im Anfang bei Gott. Alle Dinge sind durch dasselbe gemacht… In ihm war das Leben und das Leben war das Licht der Menschen." (Johannesevangelium)

Ruhe. Tiefe. Freude.

„Ehrfurcht vor dem Leben." (Albert Schweizer und Erwin Chargaff)

12. November

Besinnung.

Lebendiges Lernen. Sein. Werden. Bildung.

Die Freude am Seyn als höchste – auch erzieherische – Macht.

16. November

„Erlösung vom Geist der Rache." (Friedrich Nietzsche)

„Dies, ja dies allein ist Rache selber: Des Willens Widerwille gegen die Zeit und ihr ‚Es war'." (Friedrich Nietzsche)

Verzeihen. Nachsicht. Güte.

Aufgehen im einfachen lebendigen Dasein, freudvollen Tun, Wollen des Selbst.

Atembewusstsein.

„Unsterblichkeit und Freiheit." (Mircea Eliade)

Geduld und Demut.

18. November

Freudiger Wille. Fühlende Seele. Denkendes Herz.

Auferstehung des wahren Selbst in Freude.

Unmittelbarkeit. Sein. Liebe.

19. November

Weg im Licht.

Denken des Seins.

„Abschied ist Sein." (Martin Heidegger)

21. November

Feuer. Innigkeit. Schöpferisches Sein.
Selbst: Gott.

25. November

Das lebendige, sinnerfüllte Wort
„Der Mensch lebt nicht vom Brot allein." (Jesus)

26. November

Aufleuchten des klaren ekstatischen Lichtes.
„Und das Ewige Licht leuchte ihnen." (Totengebet)

27. November

Mystische Erotik: Geheimnis.

1991

24. März

Den ständigen Gedankenstrom seinlassen. Die Wirklichkeit ist
jenseits des Denkens, jenseits der Vorstellungen und Einbil-
dungen, jenseits der Angst.
Tiefe. Weite. Stille.Gelassenheit.

25. März

Der Selbstmord als missglückter Versuch, *sich das Leben zu nehmen.*
Zurückgeworfen auf mich selbst. Selbst verantwortete Freiheit
jenseits der Spiegel, Bilder, Rollen.
Lebendigkeit. Spontaneität. Dasein. Leib
Aufgehen im achtsamen Tun. Spiel. Freude.
Richtung. Treue zum existentiellen Zusammenhang. Samm-
lung. Gebet. Entschlossenheit.
Erwachen aus dem subjektiven Gedankentraum. Alles ist an-
ders als es scheint.

26. März

Immer wieder: Intensive Angst. Gebet.
„Angst als das kraft des Glaubens Erlösende."
(Søren Kierkegaard)

Schwinden des eigensinnigen ICH in der Angst.
Flug. Freiheit. Die Transzendenz des Daseins
In der Welt sein. Leben. Lieben.
Mein Wort sein.
Denken. Fühlen. Wollen. Gehen. Sprechen. Schreiben. Lieben:
ichlos sein.
Über-Sinnlichkeit. Grenzenlose Wirklichkeit.
In Berührung, Fühlung mit dem Ewigen, Sinn.
Einfachheit. Bescheidenheit. Weisheit. Sein.

27. März

Lernen. Werden. Können.
Liebe. Kommunikation, Kommunion.
Innigkeit. Begegnung. Hingabe.
Das sich Öffnen des Weges im Licht.
Hoch-Zeit.
Tief-Zeit.
Erwachen.
Auferstehung.
Wirklichkeit. Mächtigkeit: Maske und Phallus.
Maria als Name für eine Wirklichkeit, die *mehr* ist als Bild und
Sinnlichkeit.
Dichten als Entbergen und Verbergen zugleich.
Aufgeben der nur denkenden, nur *verständlichen* Existenz.
„Die Angst, verrückt zu werden, kann die verrückteste Art
sein, verrückt zu sein." (Norman O. Brown)

28. März

Durch den Schein der Normalität der Oberfläche in die Tiefe
des Abgrundes der Geschichte blicken.
Die Schönheit, Natürlichkeit, Einfachheit, Anmut, Würde junger Mädchen als Bild der Lebendigkeit der Seele, des einfachen
Daseins in Fülle und Freiheit.

2. April

Todesangst als Angst vor dem Leben, dem sich Einlassen, der
Freiheit in der Begrenzung. Zusammengehörigkeit von Liebe
und Tod.

4. April

Durch die tiefe Verzweiflung, den furchtbaren Schrecken der Erkenntnis des geschichtlichen Ich, durch Scham, Trauer und Reue zum lebendigen, wirklichen Selbst: Atembewusstsein. Licht. Freiheit.

Tränen: Wasser des Lebens.

6. April

Den Schatten verstehen lernen und erlösen, den eigenen und den der Geschichte. Das Gute des Bösen erkennen. Sein *wozu* im Weltspiel, der Entwicklung und die in ihm auf Erlösung harrende Energie.

Das schwer *Verständliche* verstehen: „Das Wirkliche ist vernünftig und das Vernünftige ist wirklich." (G. W. F. Hegel)

„Es geschieht nur das Notwendige." (W. Klein und Manfred Gies)

8. April

Alles vermeintliche Wissen ohne wirklichen Selbst- und Seinsbezug ist Ideologie.

Das nicht realisierte Anderssein. Das nur sich selbst sehende und hörende ICH: Die Krankheit zum Tode.

„Worte in der Dämmerung."

9. April

Nachsicht, Verzeihen – der eigenen Freiheit, Heilung, Er-Lösung wegen.

„Und vergib uns unsere Schuld, wie auch wir vergeben unsern Schuldigern." (Vaterunser)

Seinlassen.

10. April

In die *Nähe* gehen.

Lieben: Erkennen.

Erlösung vom lebensfeindlichen Ideal, der nihilistischen Moral und Religion.

Einfach *sein*.

Einsatz des Lebens, um das mir Mögliche an Freiheit, Sein, Freude, Erfüllung zu verwirklichen im Bewusstsein der Endlichkeit, des Todes.

11. April

Sehnsucht nach dem *ganzen* Menschsein.
Lachen können. Singen. Tanzen. Wirklich lebendig sein.
Glück, Liebe, Freude als immer wiederkehrende Momente, Auge in Auge mit dem Nichts, dem Dunkel, schwebend über dem Abgrund.
Selbst: Weltbezug.
Moral als Entschlossenheit, Anstrengung, Bereitschaft, Disziplin des sich unwirklich erkennenden Ich der geahnten Fülle, der ersehnten Menschlichkeit wegen.
Atembewusstsein. Mitte. Sein. Fülle. Wirklichkeit.
Sprechen als Handeln: Wirklichkeit.
Selbst. Freiheit. Anderssein.

14. April

Durch Angst und Schrecken, die Erkenntnis, das Eingeständnis der eigenen Nichtigkeit zum anderen Anfang: Abschied vom Gewohnten.
Sein lassen. Sein dürfen.
Weitergehen. Alltäglich sein.
Austausch. Begegnung. Aufbruch.

15. April

In die Nähe gehen.
De-Mut. Geduld. Vertrauen.

16. April

Leben heißt: sterben müssen. Und der Tod kommt vor dem Leben.
Erlösung von Idealisierung und Sexualisierung, aber auch von lebensfeindlicher Moral.
Personale, lebendige Begegnung. Erotischer Wirklichkeitssinn.
Tiefe. Nähe. Hingabe.
„Keiner versteht, es sei denn die Frau."

17. April

Zurückgeworfen auf mich selbst.

Jede scheinbare Sicherheit, jeden Trost und jede Beruhigung durch das Wort eines anderen hinter mir lassen.

Der erschreckenden und vernichtenden Wahrheit ins Auge sehen und demütig von vorne beginnen.

18. April

Immer wieder vergeht, stirbt das stolze, eingebildete, unwirkliche, einsame ICH in unermesslicher Angst, geht das Selbst aus dieser gänzlichen Vernichtung verwandelt, erneuert, belebt hervor. Demütig, bescheiden und dankbar dem ungeheuren unergründlichen geheimnisvollen Geschehen gegenüber, dem es sich verdankt.

Die Wahrheit der christlichen Religion ist der Prozess des Lebens selbst.

19. April

In die Tiefe gehen. Sehen. Hören. Fühlen. Schmecken. Riechen.

23. April

Erlösung aus Entwurzelung und Entfremdung.

Mich einlassen. Aufgehen im Tun.

Zu mir kommen in der schöpferischen Arbeit, im geliebten, in seinem Anderssein erkannten andern.

24. April

Er-Lösung ist nur in der Versöhnung.

25. April

Auflösung der Illusion des ICH in der Angst.

Erwachen. Vom Traum zur Wirklichkeit.

Durchbruch in die Freiheit.

26. April

Kein Wort eines andern macht dich größer, als du bist.

27. April

Leben heißt: Verletzlich sein, verletzt werden und verletzen.

28. April

Leben statt denken, schreiben: Auferstehung.
„Ich schätze das Leben höher als die Kunst." (Johann Wolfgang von Goethe)

29. April

Mit dem Selbst identisches, wirkliches, gewisses lebendiges Wissen.
Selbstbewusstsein. Weltbewusstsein.

30. April

Geduldige Er-Lösung der Lebensenergie aus den verkörperten negativen Emotionen des Schattens.
Erlösung des wahren, lebendigen, autonomen Selbst aus der falschen Identität des blind gegen „Vater Staat" und „Mutter Kirche" rebellierenden ICH.

3. Mai

Lebendiges Interesse. Freudvolles Tun. Mein Wort sein.

6. Mai

Dem Selbst vertrauen, dem Sein.

12. Mai

Immer wieder der vernichtenden Wahrheit meiner Geschichte ins Auge sehen: Selbsterkenntnis.
„Wo der Schrecken wirklich ist, ist die Heilung sicher."

15. Mai

Die Selbstbezüglichkeit wirklichen, existentiellen Wissens.

26. Mai

Mein Wort sein.
Handeln aus der Mitte.
„Eile mit Weile." (Sprichwort)

27. Mai

Demut. Reue. Gebet um Kraft, Leben, Sein.
Selbst sein. Nicht-Ich. Flug.
Jenseits der Bilder und Selbstbilder. Sein, der ich bin.
Fühlen. Lieben. Dasein. Autonomie.

29. Mai

Anfängergeist.
„Du bist, was du tust."
„Arbeit macht frei." (Ideologie des Nationalsozialismus)

30. Mai

Immer wieder mutig in den Ab-Grund meiner Geschichte
blicken.

3. Juni

Angst. Schrecken. Bewusstwerden der Endlichkeit, der Unver-
meidlichkeit des Alters und des Todes.
Auftauchen der Möglichkeit der Fülle und Ganzheit des Lebens:
Lebensgeburtsprozess. Menschwerdung. Weg zur Freiheit.
Erotischer Wirklichkeitssinn. Jenseits der lebensfeindlichen,
naturfeindlichen Moral: Leben. Mensch unter Menschen.

4. Juni

Auftauchen, in die Nähe Kommen der neuen Zeit, des kreati-
ven Seins.
Lebendiges Interesse. Bei der Sache sein: Flug.

6. Juni

Lebendige Wahrnehmung.
Atmen. Riechen. Sehen. Hören. Schmecken. Fühlen: Über-
Sinnlichkeit.
Erwachen.

10. Juni

Sein. Zeit.

19. Juni

Die in den Verhärtungen, Verspannungen verkörperte Seele er-lösen.

Vom Körper als dem Grab der Seele zum wahrhaft lebendigen, über-sinnlichen Auferstehungsleib.

Die Wahrheit des Christentums ist der Prozess des Lebens.

22. Juni

Vn den Ideen zum in-der-Welt-Sein.

Rückkehr zur Erde.

24. Juni

Einsatz des Lebens.

Unbeirrbare Entschlossenheit.

Kämpfen. Sich durchsetzen, wehren. Gesunde Selbstbehauptung.

Das Wort als machtvolle Wirklichkeit.

„Mich aussprechen, mich wagen, Verantwortung tragen."

25. Juni

Durch die Hölle und Dunkelheit der Selbsterkenntnis zum Himmel auf Erden.

28. Juni

Der Zuwachs an Freiheit, Lebendigkeit, Freude, Autonomie als Maß glückender Erziehung.

Immer wieder: Die schmerzliche Konfrontation mit dem Schatten.

Immer wieder: Die schmerzliche Sehnsucht nach Erlösung und das mystisch-ekstatische Aufleuchten des Sinns.

2. Juli

Der Tod als Höhepunkt, Vollendung eines bewussten, verantwortlich gelebten Lebens.

Demut. Bescheidenheit. Einfachheit.

Lebendiger Bezug zu den Sachen selbst im Wissen um den Ab-Grund.

Der Tod als ekstatische Erlösung, Befreiung, Heilung: Satori.

9. Juli

Die Zusammengehörigkeit von Abschied, Liebe und Tod.

Wahrnehmung des Altwerdens der Eltern, ihrer zunehmenden Nähe zum Tod.

Phallus und Maske als Symbole der Mächtigkeit, schöpferischen Fülle, Fruchtbarkeit des wirklich lebendigen Selbst.

10. Juli

Nicht-Denken.

Seinlassen.

Dasein. Fühlen. Leben.

Den Gotteskomplex als Vaterkomplex verstehen.

Das lebendige, erfüllte Wort, das ich bin: Fleischwerdung.

Auferstehung des Leibes: Wahrheit, Weg, Licht, Leben.

13. Juli

Berühren und berührt Werden als Strömen des Seins: Über-Sinnlichkeit. Kommunion.

14. Juli

Erfüllung ist nur in der Hingabe: Liebe.

15. Juli

Immer wieder: Erlösende Trauer, heilsame Tränen.

„Eines jeden einziges Leben." (Reiner Kunze)

Die Mühelosigkeit des kindlichen Paradieses opfern.

Freude des Alltags: „Arbeit macht frei." (Ideologie des Nationalsozialismus)

Arbeit als Selbstverwirklichung, Erfüllung.

Selbstbewusst werden. Wissen, was ich weiß, was ich kann, wer ich bin. Erlösung aus dem Spiegel-Gefängnis.

Verzeihen – des eigenen Selbst, der eigenen Menschlichkeit, Heilung wegen: „Und vergib uns unsere Schuld, wie auch wir vergeben unseren Schuldigern." (Vater unser)

16. Juli

Die repressive Sexualmoral als wirksamstes Instrument der Unterdrückung des Selbst, der Erzeugung von Unbewusstheit, der Verhinderung von Autonomie: Gänzliche Verkehrung, Verkennung christlicher Existenz.

Kierkegaard und Nietzsche als Wiederentdecker wahrhaft christlicher Existenz gegen Kirche und bürgerliche Gesellschaft.

18. Juli

Immer wieder: Aufleuchten inniger Freude, mystisch-ekstatischen gewiss Seins.

19. Juli

Erlösung ist nur in der Liebe.
Endlich lieben. Unendlich.
Getragen sein. Gestillt sein.
Gelassen für-mich-sein. Leben aus der Mitte.

28. Juli

Das Geheimnis der Dreieinigkeit: Die Gleichursprünglichkeit von Selbst, dem geliebten Anderen und der Liebe oder: Gott.

10. August

Freiheit ist nur im Lassen: An nichts und niemand hängen.

12. August

Aufgabe der Illusion, das Werden in Freiheit und Wahrheit könne sich allgemeiner Zustimmung erfreuen.

14. August

Demütiges Gebet um Erlösung aus der Verzweiflung, inniges Flehen um Leben, Liebe, Licht, Menschwerdung.
„Dem Anspruch entsage. Dankend empfange den Lohn."

21. Juli

Die Ungeduld und das Wollen verlernen.
Demut. Bescheidenheit. Einfachheit. Ehrfurcht.
Innigkeit des Liebe-Spiels. Über-Sinnlichkeit. Unschuld des Seins. Freiheit der Liebe. Kommunion.

23. August

Feuer. Schmerz. Stufen des Lebensgeburtsprozesses.
Liebe: Quelle des Lebens.
Atem-Raum der Freiheit. Über das ICH hinaus. Flug der Seele.
Transzendenz.

1. Oktober

In die Tiefe gehen. Zu Grunde gehen.

2. Oktober

Zuhören können, ohne sich vereinnahmen zu lassen.
Zuschauer sein: Bühne der Welt.

9. Oktober

Dem Menschlichen das Absolute opfern: Lieben.
Gleichursprünglichkeit von Selbstliebe und Nächstenliebe.
Leben, was mir möglich ist.
Scheinen, was ich bin.

13. Oktober

Eros als Antrieb der Philosophie: Feuer.

15. Oktober

Schmerzen des Todes. Schmerzen der Geburt.
Kreuzigung des ICH. Auferstehung des Selbst.
Öffnung der Dimension der Tiefe.
Leben. Lieben. Sein.
Zeit der Reife.
Abschied vom Gewohnten.
Erlösung aus der Verstrickung in Gedanken, Gefühle, Bilder.
Erwachen aus dem Lebenstraum.
Spiel des Lebens.

16. Oktober

Phallus und Maske: Mächtigkeit des Selbst.
„Wo ICH war, soll ES werden."
„Erwarte die Erfüllung nicht von einer Frau."

17. Oktober

„Alles schmerzt sich einmal durch bis auf den eigenen Grund und die Angst vergeht." (Jan Skácel)

18. Oktober

Entwicklung, Verwirklichung des Weiblichen als des offenen Bereichs des Zwischen, der Begegnung, des Bezugs.
Das Übergehen tiefen Schmerzes in mystische Ekstase. Musik als Ausdruck des unsagbaren, unaufhörlichen Prozesses der Geburt ins Leben.
„Bevor wir Menschen waren, hörten wir Musik." (Friedrich Hebbel)

19. Oktober

Briefe und Gedichte als Gespräche der Seele mit sich selbst.
„Der Weg zum Du führt durch die Einsamkeit."

20. Oktober

Der Sehnsucht folgen, unbeirrt. Mit den Wurzeln in die Tiefe dringen, um mit den Zweigen den Himmel zu berühren.
„Freuden empfangen. Schmerzen gebären."

31. Oktober

Kreuz: Notwendigkeit des Durchbruchs aus dem Individuellen ins Allgemeine.
Schlange: Lebenslanger Prozess der Entwicklung, Erweiterung des Bewusstseins.
Sonne: Quelle des Lichts, der Erkenntnis. Göttliches Bewusstsein.

2. November

Durch die Hölle des Schmerzes der Verletzungen und Enttäuschungen in die lebendige Wirklichkeit: Heimkehr.
Durch die Verzweiflung, radikale Infragestellung zum wirklichen Wissen.

8. November

Gebet um Heilung, Rettung, Sein, Liebe.

„So soll wieder hergestellt werden die Kraft deines Vaters, vor allem aber durch die Liebe."

Dem Ich, das seine Unwirklichkeit und Ohnmacht erkennt, bleibt nur, sich demütig an das zu wenden, was nicht ICH ist, um Hilfe zu erbitten.

„Vater" ist das Wort für diese unbekannte Dimension jenseits des ICH, aus der Führung, Rettung kommt: „Gott, Vater, rette mich…"

„Wo der Schrecken wirklich ist, ist die Heilung sicher."

Im geliebten Anderen zu sich kommen und darin zu Gott: Drei-Einigkeit der Liebe.

Die Zusammengehörigkeit von Liebe und Tod.

Nicht denken.

Nicht wollen.

Nicht ICH.

9. November

Kurz vor Sonnenaufgang ist die Nacht am tiefsten.

Dunkle Nacht der Seele.

Wut, Hass und das Bedürfnis nach Rache binden an die Vergangenheit.

Freiheit, Erlösung ist nur im Verzeihen, im Lassen.

Das ist weder Ethik, noch Moral, noch Religion, sondern das Gesetz der Freiheit, das Gesetz des Seins.

11. November

„Ohne Worte, ohne Schweigen." (Zen Buddhismus)

14. November

„Und *führe* uns in Versuchung…"

15. November

Selbsterkenntnis: Das lebensferne Ich-Ideal und sein Schatten. Die der Abwehr dienende lebensfeindliche Moral.

20. November

Die Einheit von Wort und Leben: Richtung und Ziel.

23. November

Liebe ist der Sinn des Lebens.
Erfülltes Schweigen. Ruhe. Friede.
„Und das ewige Licht leuchte ihnen." (Totengebet)

27. November

Wirklich lebendiges, verantwortungsbewusstes, mutiges, freudiges, kreatives Sein: Flug
„Bleib der Erde treu." (Friedrich Nietzsche)

30. November

Sonne: Selbst. Sein. Gott.

3. Dezember

Dem Tod ins Auge sehen.
Mit dem Einwilligen ins Sterben Müssen wird das Leben ein-
fach und leicht.
Anders leben.
Mich einlassen auf das Spiel. Darin aufgehen.
Abschied vom Gewohnten.

4. Dezember

Frauen meines Lebens: Bilder der Freiheit und Lebendigkeit
meiner Seele.
Wasser: Element des Lebens.

5. Dezember

Wieder eine schlaflose Nacht in der Hölle des Schmerzes.
Angst. Gebet.

7. Dezember

Wissen um den Abgrund. Inständige Bemühung. Disziplin.
„Du bist, was du tust."
Lebendiges Lernen. Freudiges Sein.
Gott: Wort für die unsagbare Lebendigkeit und Fülle des Le-
bens, der Liebe.
„Spät bin ich jung geworden." (Friedrich Nietzsche)

Das Weibliche als Bild der Einfühlung, Empfindsamkeit, Offenheit, Empfänglichkeit, des geduldigen wachsen und reifen Lassens und Hervorbringens.

14. Dezember

Atem. Licht.
Schöpferische Freiheit.

15. Dezember

Unendlichkeit in einer Teetasse.

17. Dezember

Einheit von Einzelnem und Allgemeinen.

18. Dezember

Selbstständigkeit und Freiheit als Bedingungen der Liebe.
„Erwarte die Erfüllung nicht von einer Frau."
Der Tod als Wiederholung: Blick in den Spiegel. Begegnung mit sich selbst.
Jenseits der Bilder und Selbstbilder.

19. Dezember

Tod als Geburt ins Offene, Freie, Wirkliche. Erwachen.
Lebendige fühlende atmende Seele.
Dasein. Jenseits der Wörter.
„Ich bin, der ich bin." (Jahwe)
„Hinter dem Irrgarten beginnt eine Landschaft."
Inständiges Gebet um Rettung, Führung.
Aufleuchten der absoluten be-seeligenden befreienden Erfahrung: Satori.
Auslöschung des ICH und seiner Geschichte, der Folgen der lebenslangen Verstrickung in das Tun. Einheit von Leere und Fülle.
„Aber die Zeit kommt, als Selbst in der Macht der Wahrheit hervorzutreten."
Einsatz des Lebens.

Der tragende, nährende Strom des Seins: Licht.
Leben als Hingabe. Liebe. Innigkeit.
Nicht-duale Erfahrung.
„On the wings of the night." (Pink Floyd)
In der Tiefe, wortlos, einander bestehen.

20. Dezember

Demütiges Gebet um Liebe, Erfüllung, die Einheit von Wort
und Leben.
Gewissheit der Transzendenz, des Geheimnis des Seins.
Zurückgeworfen auf mich selbst, auf Gott, das Geheimnis des
Seins, Schöpfer des Lebens und des Wortes.
Stille. Licht. Einfachheit.
Die Zufriedenheit nach getaner Arbeit.
Das Leuchten des Ewigen Lichtes. Ewiges Leben.

21. Dezember

Sehen. Bühne des Lebens.
Hören. Lesen. Schreiben.
Niemand sein.

22. Dezember

Flug. Freiheit. Autonomie. Verantwortung.
Intensiv leben. Anders leben.
Inständige Bemühung.
Das Leben ein Traum.
Verjüngung. Erneuerung. Zauber: Ich bin.

25. Dezember

Aufgang des wahren Lichtes als Beginn eines anderen Lebens:
Christliche Existenz.
Ankunft im Alltag.
Das Zwitschern der Vögel.
Die Erfahrung der Leere anstelle des ICH.
Die Stille im Lärm, die Ruhe in der Geschäftigkeit des Alltags.
Die Ruhe am Grab der Ahnen.

26. Dezember

Identifikation mit dem Neuen. Engagement. Verantwortung.
ES wird immer heller.
Gelassene Transparenz des ICH: Bühne der Selbsterkenntnis.
Alles widerstreitende, alle Enge, Verstrickung, Zurückhaltung,
der Konflikt des ICH löst sich auf vor dem eindringlichen
Blick des Bewusstseins in sich selbst.
„Wo ICH war, soll ES werden."

27. Dezember

Freudig ekstatische Lösung körperlicher Verspannungen: Erlö-
sung der Seele aus dem Gefängnis des Körpers: Dasein. In der
Welt sein. Leib sein. Frei sein.
Das lebendige, lichtvolle, erleuchtete Wort.
„Und das Wort ist Fleisch geworden." (Johannesevangelium)
Aufhebung der Trennung zwischen Wahrnehmendem und
Wahrgenommenem: Weltbezug.
„Ich bin du. Du bist ich."

28. Dezember

Auferstehung. Hier und jetzt.
Weg ins Licht.
„Sein bei sich als bei der Sache als bei dem andern."

29. Dezember

Gebet um Rettung in den Bezug des Seins.
Vom Denken zum Leben.
Trauer, Scham, Reue angesichts des stolzen ICH, seiner Un-
wirklichkeit, seines Mangels an Sein.
Geduld. Demut. Aufgabe des Unwillens, Widerwillens, der in-
neren Zurückhaltung.
Mutig und vertrauensvoll mich einlassen in die Nähe.
„Break down the wall." (Pink Floyd)

31. Dezember

Wahrhaft sprechen können, schreiben können.
„Wort des lebendigen Gottes." (aus der Liturgie)

Die Liebe ist das Leben des Lebens.

„Die Nacht ist am dunkelsten kurz vor Sonnenaufgang." (Sprichwort)

Sonne: Selbst, Geist, Licht, Sein.

Phallus: Geistige Macht, Kraft, Wirklichkeit.

Flug: Lebendiges Verstehen, Begreifen, schöpferisches Sein, Freiheit.

1992

3. Januar

Die Einheit von Spieler und Spiel, Wissendem und Gewusstem, Wort und Leben,

In der Tiefe, wohin kein anderer bislang reichte, von Gott, dem Leben, dem Sein berührt, geliebt, erfüllt, geheilt werden.

Aufleuchten des Zaubers, des unsagbaren Geheimnisses auf dem Weg zu Satori.

5. Januar

Das Gedicht als Einheit von Reden und Schweigen.

Der eigentliche Sinn ist das Unbewusste.

Weltbezug. Sich verneigen vor dem Sein in allem.

Der musikalisch-ekstatische Grund, Ursprung des Schöpferischen.

Der schöpferische, Gestalt bildende Blick als Projektion des Unbewussten, der verborgenen Möglichkeit zu sein: „Dasein spricht sich aus." (Martin Heidegger)

Man muss sich lange vorbreiten, sammeln und gedulden, um Gültiges schreiben zu können.

Stille. Schweigen. Aufhören des Gedankenstromes als schöpferischer Grund.

6. Januar

Das Schreiben aufgegeben zu Gunsten des Lebens.

Einheit von Freiheit und Bindung, Selbst und geliebtem Anderen.

7. Januar

„Zwischen tausend Spiegeln, vor dir selber falsch." (Friedrich Nietzsche)

8. Januar

Das absolute Wissen, das kein Wissen ist, sondern eine Grunderfahrung: Wandlung, Sein.

Die geheimnisvolle, magische, bestimmende, schöpferische Kraft, Wirklichkeit des dichterischen Wortes: „Der Mensch wird, was er denkt."

12. Januar

Erfüllung ist nur in der Liebe.

Die Mühe des Alltags immer wieder demütig und geduldig auf sich nehmen.

Das Leben: Eine Chance zur Vollendung, Verwirklichung, Befreiung.

In jedem Leben will Gott Mensch werden. Jedes Leben drängt aus sich heraus, über sich hinaus, um zu sich selbst zu kommen. Menschwerdung ist der Sinn des Lebens, der Philosophie, Religion und Kunst.

13. Januar

Die demütig und bescheiden werden lassende Erkenntnis all dessen, was ich nicht weiß und kann.

Den Seinsbezug hüten als das Kostbarste.

Die Gnade, über sich hinaus zu reichen, eine Brücke zum anderen zu finden: „Monaden haben keine Fenster." (Gottfried Wilhelm Leibniz)

18. Januar

Immer wieder die erschreckende Erkenntnis der Möglichkeit, mein Leben zu verfehlen.

Mut. Disziplin. Unablässige Bemühung.

Vollkommener Verzicht auf Ansprüche, Besitz, Anerkennung. Seinlassen. Niemand sein. Nicht-Tun.

19. Januar

Wieder Kind werden als Weg zum Beruf. Staunen. Fragen. Mich freuen. Wissen und lernen wollen. Wirklich lebendig sein.

21. Januar

Die Unterdrückung des Lebensdranges des Kindes als Folge von Abhängigkeit, Erziehung und Moral ist der eigentliche Selbstmord.

24. Januar

„Aber wer hätte dies Problem je gelöst? Schließlich wiederholt sich dasselbe seit ewigen Zeiten."
Selbst. Sein. Zeit.
Festhalten am Entschluss zur Wesentlichkeit. Der Glaube an das immer wieder Aufleuchtende: Treue zum eigenen Zusammenhang.

25. Januar

Immer wieder die Erfahrung des Todes des ICH als Augenblick des Erwachens aus dem Traum.
Ekstatisches Sein: Über-Sinnlichkeit.

26. Januar

Liebe als Übertragung und als personaler Bezug.
„Du musst lieben, um frei zu sein." - „Du musst frei sein, um zu lieben."

27. Januar

Den alltäglichen Menschen unterscheiden von dem, was man in der Ewigkeit ist.

15. Februar

Zusammengehörigkeit von Liebe und Tod.
„Gott, Vater, lass mich, was in Träumen aufschien, auch in Wirklichkeit finden und sein."

18. Februar

Schmerzliches frei werden von der Verstrickung ins eigene ICH.
Jenseits der Bilder und Ansprüche.

22. Februar

Glockengeläut. Menschenwelt.

14. März

Des Menschen Leben will ganz gelebt und ausgekostet werden.
Das ICH kann überwunden, nicht aber übersprungen werden.

15. März

Ruhe. Tiefe. Erlösung von alten Bindungen.
Verjüngung. Erneuerung.

17. März

Das Wollen gründet im Lassen.

21. März

„Hier sitze und bekenne demütig, Schüler B."

29. März

Seinlassen ist die Kraft der Liebe.

3. April

Immer wieder die Illusion aufgeben, das Absolute endgültig erreichen zu können.
Lebenslange Erweiterung, Vertiefung des Lebens.

18. April

Den Schatten erlösen: Die Kehrseite des moralischen und intellektuellen Ich-Ideals.
Idealisierung als Abwehr.
Umkehr zum Leben.

6. Mai

Gebet um Leben, Sein, Liebe.

16. Mai

Denkend kann die Erlösung nicht gefunden werden.
Das Denken ist die Krankheit.
Nicht-Denken.
Nicht-Wollen.
Nicht-Ich.
Gelassenheit.

21. Mai

Wissen ist lernen können. Wissen ist fragen Können.

25. Mai

Aufleuchten der Befreiung.
Bühne der Welt.

27. Mai

Treffende Worte: Wirklichkeit des Geistes.

28. Mai

Gebet um Rettung, Erlösung.

31. Mai

„Gelegentlich ziehen schweigend Vögel vorbei
bedacht den Fesseln der Natur zu entrinnen."
Den Flug wagen.
Einlassen in den Bezug.

5. Juni

Das Dichten ersetzt nicht das Leben, intensiviert es aber.

6. Juni

Was für ein wundersames Rätsel: zu sein.

Zeitfracht Medien GmbH
Ferdinand-Jühlke-Straße 7
99095 Erfurt, Deutschland
produktsicherheit@kolibri360.de